D1677984

In der Vorstadt samma z'Haus

Danksagung

Für die wohlwollende Überprüfung des Textes sage ich Herrn Prof. Reg.-Rat Ing. Robert Medek, dem Leiter des Bezirksmuseums Ottakring, herzlichen Dank.
Weiters bin ich Herrn Prof. Friedrich Opfermann für seine Informationen und seine liebenswürdige Beratung zu großem Dank verpflichtet.
Herrn Prof. Dr. Konrad Jekl danke ich an dieser Stelle für viele Anregungen zu diesem Buch. Meinem väterlichen Freund und Nachbarn Josef Wünscher, der mir den Schlüssel zum Verständnis für Ottakring und seine Bewohner vermittelte, widme ich dieses Buch.

Volker Wimmer

Mein Dank gilt allen jenen, die mich bei meiner Arbeit unterstützt haben: den Freunden aus Ottakring, meinen Kollegen aus dem Verlag und nicht zuletzt meiner Familie, der ich die Bilder in diesem Buch widme.

Helmut Lust

ISBN 3-85058-133-0

© Copyright 1996 by Edition Wien
im Verlag Pichler GmbH, Wien
Alle Rechte vorbehalten
Umschlaggestaltung: Bruno Wegscheider
Herstellung: Juri Armanda
Druck: Inovamedia, Wien
Bindung: Frauenberger, Neudörfl

Volker Wimmer

In der Vorstadt
samma z'Haus

Das Ottakringer Heimatbuch

Fotos: Helmut Lust

EDITION WIEN

Inhalt

Vorwort
Bürgermeister Dr. Michael Häupl

Als Bürgermeister der Stadt Wien und überzeugter Ottakringer freue ich mich über das neue Ottakring-Buch der Edition Wien.

Die Ottakringer sind bekannt für ihren Witz und ihre Originalität. So wie in Schwabing angeblich die münchnerischsten aller Münchner leben, hat Ottakring die wienerischsten aller Wiener hervorgebracht. Ottakring: Hier konzertierten Josef Lanner und Johann Strauß Vater, und ich halte es für keinen Zufall, daß die Schrammeln in Ottakring beheimatet waren. Aber Ottakring war immer ein *Grätzel*, das *Zu'greiste* gerne aufgenommen und beherbergt hat. Der russische Fürst Gallitzin baute hier seine vielbewunderte Sommerresidenz, und schon bald war die Anhöhe, auf der sich das kleine Schloß befand, für die Ottakringer der *Galiziberg*. Daß sich Ottakring seine Offenheit bewahrt hat, kann jeder erkennen, der heute über den Brunnenmarkt spaziert: Der Markt mit seiner bunten und verlockenden Vielfalt an Lebensmitteln hat sich dank der Zuzügler aus dem Osten seine alte Vitalität bewahrt.

Sein informatives, aber nie langweiliges Buch hat der Autor Volker Wimmer, Buchhändler in Ottakring, mit köstlichen Anekdoten aufgelockert, und die Mundartgedichte lassen einen Ottakring quasi lyrisch nacherleben. Die kongenialen Fotos stammen ebenfalls von einem waschechten Ottakringer, vom Verlagsangestellten und Pressefotografen Helmut Lust.

Allen Viennensia-Sammlern und vor allem meinen Ottakringern möchte ich dieses Buch besonders ans Herz legen.

Dr. Michael Häupl
Wien, im September 1996

Wie Wien von
Ottakring kolonisiert wurde
Ottakringum necesse est ...

Wien war einst das Objekt der Begierde so manchen Eroberers...
Heute ist, wie man zuweilen hören kann, die Bundeshauptstadt
Wien, die ehemalige Kaiserstadt und wirtschaftliche und kultu-
relle Metropole eines europäischen Großreichs, zumindest noch
immer die Welthauptstadt der Musik. Wien ist aber auch die Stadt
der internationalen Begegnungen, vom Wiener Kongreß bis zur
OPEC-Konferenz und so mancher UNO-Tagung. Und Wien, dessen „Medizinische Schule" um die Jahrhundertwende weltbe-
rühmt war, ist eine Touristenattraktion ersten Ranges geblieben,
eine Stadt, die einst schon einem Titanen wie Ludwig van Beetho-
ven nicht zu gering war, in ihr immer wieder umzuziehen – in
Ottakring, hätte er es näher gekannt, wäre er sicher seßhaft geworden!
Diese wunderbare, geschichtsträchtige und so vielfältige Stadt
wäre jedoch in dieser Form nicht denkbar, hätte sie nicht wesent-
liche Impulse aus Ottakring erhalten. Ja, mehr noch: Wien hat Ottakring so viel zu verdanken, daß man in Abwandlung eines berühmten geflügelten Worts der Antike sagen könnte: „Sine Ottta-
kringum non Vindobona" oder noch überspitzter: „Ottakringum
necesse est." Also: „Ohne Ottakring – kein Wien" und „Ottakring
ist notwendig."
Man stelle sich doch einmal vor, Ottakring hätte Wien nicht
ermöglicht! Das würde bedeuten: kein Wien – und damit kein
Wiener Schnitzel, kein Wiener Walzer. Und was wäre die Welt
ohne „Wiener Gemütlichkeit"? Ist irgendwo auf der Welt eine
Ballveranstaltung vorstellbar, bei der sich die tanzenden Massen
nicht im Takt des Wiener Walzers auf die Zehen steigen? Ist es
denkbar, daß der nordöstliche Ausläufer der Alpen, den so manches Wienerlied besingt und in dem schon so manche „Geschichten aus dem ..." passiert sein sollen, vielleicht statt *Wienerwald – Tullnerbacher Wald, Gugginger Forst* oder gar *Möd-
linger Hügelland* heißen sollte? Gäbe es Wien nicht, müßte man
statt *Baden bei Wien* vielleicht *Baden bei Wiener Neustadt* sagen?

Undenkbar! Außerdem wäre ja auch dies nicht möglich, denn ohne Wien gäbe es ja auch kein Wiener Neustadt – eine Vorstellung, die mich schaudern macht! Gott sei Dank sind diese Überlegungen müßig, denn zum Glück gibt und gab es Ottakring und damit Wien.

Der älteste Ottakringer

Jetzt ist es aber wirklich an der Zeit zu berichten, auf welche Weise Ottakring für Wien so bedeutungsvoll wurde:

Der älteste Ottakringer, der durch seine nimmermüde Tätigkeit eine äußerst segensreiche Wirkung auf Wien ausgeübt hat, indem er den Boden, auf dem einmal Wien entstehen sollte, vorbereitete, erblickte vor langer, langer Zeit im Ottakringer Liebhartstal das Licht der Welt. Unmittelbar nach seiner „Geburt" machte er sich daran, nach dem späteren Wien zu ziehen. Nun soll aber keiner glauben, dieser Ottakringer hätte damit seinem Geburtsort schmählich den Rücken gekehrt und seine Heimat verlassen. Das tut ein richtiger Ottakringer nie! Wenn auch dieser muntere Geselle sein Wirken auf mehrere Teile des Wiener Raumes erstreckt hat, so ist er doch immer seinen Quellen treu geblieben.

Den Namen dieses Ottakringers ahnend, schmunzelt der gewitzte Leser. Ja, es stimmt, es ist der Ottakringerbach, jenes kleine Gewässer, das aus dem lieblichen Liebhartstal kommend, ostwärts der Donau zustrebt.

Dieser Wasserlauf entstand vor ungefähr fünfzig bis sechzig Millionen Jahren, nachdem sich das miozäne Meer zurückgezogen und damit das Gebiet, auf dem einmal Wien liegen sollte, freigegeben hatte. An den nordwestlichen Rändern des so entstandenen *Wiener Beckens* waren nun die Abhänge des Wienerwaldes zu finden, die nördlich des Wientales Kahlengebirge genannt werden.

An diesen Abhängen entsprangen einige Gewässer wie der Schreiberbach, der Krottenbach, der Alserbach und im heutigen Ottakringer Gebiet neben kleineren Bächen eben auch der Ottakringerbach, jener Bach, der für Wien noch von einiger Bedeutung werden sollte.

Wie alle echten Ottakringer hatte der Bach von Beginn an Persönlichkeit, war selbstbewußt und nonkonformistisch, man könnte, wollte man es boshafter formulieren, auch sagen, er war eigenwillig. Im Unterschied zu seinen im gleichen Gebiet entstandenen Brüdern wie dem Halterbach oder dem Rosenbach, die den kürzesten Weg zum nächsten Fluß nahmen, suchte sich der Ottakringerbach einen anderen, weiteren Weg und mündete nicht in irgendeinen Fluß, nein, für ihn mußte es gleich der bedeutendste Strom des Landes, ja sogar ganz Mitteleuropas sein. Er ergoß sich also nicht auf kürzestem Weg – in südlicher Richtung – in den nahe gelegenen Wienfluß wie seine Brüder, sondern wandte sich gegen Osten. Dieses Ostwärtsgerichtetsein sollte für die später hier befindliche Stadt Wien noch schicksalhafte Bedeutung erlangen.

Unser Bach, der durch mehrere kleine Quellen gespeist wurde, nahm seinen Weg zur Donau über die Gegend des heutigen *Alten Ortes*. Dann folgte sein Bett ungefähr dem Lauf der Ottakringer Straße, über die heutige Bachgasse ging es bis zur Brunnengasse, wo er einen Knick nach Süden zur Thaliastraße machte, um dann doch wieder durch den heutigen siebenten Bezirk ostwärts zur Donau zu fließen. Auf diesem Weg sorgte er durch den Transport von Sand und Schotter aus Ottakring für eine gute Sedimentierung der Bezirke Josefstadt und Neubau. Die Gesteine, die man heute auf diesem Gebiet findet, sind ihrem Ursprung nach eindeutig dem Liebhartstal und Ottakring zuzuschreiben. So macht man keinen Fehler, wenn man Ottakring als „steinreich" bezeichnet. Diese Behauptung wird auch von der Tatsache gestützt, daß es einst in Ottakring Steinbrüche gab, so etwa oberhalb der Feuerwehr am Gallitzinberg. Nachdem also der „Grund", über dem sich heute die Bezirke Josefstadt und Neubau erheben, eigentlich aus Ottakring stammt, ist es sicher keine Vermessenheit, den siebenten und achten Bezirk als „Gründung" Ottakrings zu bezeichnen. Womit schon ein erster Beweis für die elementare Bedeutung Ottakrings für Wien erbracht wäre.

Um aber jetzt nicht in hemmungslosen Ottakring-Chauvinismus zu verfallen, wollen wir weiter über den Verlauf des Ottakringerbaches berichten.

Nachdem unser Bach das Ottakringer Gebiet verlassen hatte, floß er zwischen der heutigen Lerchenfelder Straße und der Neustift-

Im Ursprungsgebiet des Ottakringerbaches

gasse zum Messepalast. Von dort nahm er seinen Weg über das Terrain der beiden Museen und des späteren Volksgarten, querte den Minoritenplatz und floß zum Tiefen Graben. Bei der Kirche Maria am Gestade mündete er schließlich in jenen Donauarm, den wir heute als Donaukanal kennen. An den Ufern des Baches entstanden Siedlungen wie die späteren Vororte Schottenfeld – man könnte in Anspielung auf den vom Ottakringerbach gelieferten Untergrund auch „Schotterfeld" sagen –, Lerchenfeld, Sankt Ulrich und Spittelberg. Alle diese Orte verdanken ihr Entstehen nur dem Vorhandensein des Ottakringerbaches und seinem Wasser, das Menschen und Tieren die notwendige Lebensgrundlage bot. Der Bach hatte aber für die Bewohner seiner Ufer nicht nur eine „bringende" Funktion, er beförderte auch alles weg, was nicht mehr gebraucht wurde. So übernahm der gutmütige Geselle widerspruchslos auch die Aufgabe des Entsorgens. Essensreste, Unverwertbares aus den Schlachtbetrieben, Fäkalien und wahrscheinlich auch Chemikalien, die die Färbereien und Gerbereien bei ihrer nicht gerade umweltfreundlichen Tätigkeit verwendeten, wurden dem geduldigen Bach zum Abtransport übergeben. Gerüch(t)eweise soll es in der Nähe des Baches, besonders in seinem Unterlauf, eine breite Palette von Gerüchen gegeben haben. Im Bereich des ersten Bezirkes, wo flacheres Gelände ein trägeres Fließen des Wassers bedingte, hatte sich eine große Zahl der oben erwähnten Gewerbebetriebe niedergelassen, und die sorgten, wie man sich vorstellen kann, für Zustände, die heute Anlaß für mehrere Bürgerinitiativen wären. Damals allerdings war man noch nicht soweit. Zweifellos waren die Bewohner des mittelalterlichen Wien daran gewöhnt, daß über ihren Wohngegenden häufig eine stechende Duftwolke lag, und auf Hygiene war man eben noch nicht so versessen wie heute. Allerdings gab es im Zusammenhang mit dem Ottakringerbach doch auch schon im Mittelalter so etwas wie einen Bürgerprotest. „Bürger" waren damals allerdings nur die reichen Bewohner einer Stadt (egal, woher ihr Reichtum stammte), in erster Linie Kaufleute oder Gewerbetreibende, also Selbständige. Einen großen Einfluß auf das öffentliche Leben besaßen natürlich Vertreter des Klerus, vor allem die verschiedenen Orden. Und Angehörige eines solchen Ordens waren es nun, die Einfluß auf den Verlauf des Ottakringerbaches zu nehmen ver-

Steinbruchteich am Wilheminenberg

Brücke am Flötzersteig

suchten: Die Minderbrüder des Franziskanerordens hatten vom Babenbergerherzog Leopold VI. ein Grundstück erhalten, auf dem sie eine Kirche errichten wollten. Den Patres, die auch „Minoriten" genannt wurden, war der über das Grundstück fließende Ottakringerbach bei der Errichtung der Kirche im Wege, so daß sie um die Genehmigung zur Ableitung des Baches in den Wienfluß ansuchten. Ihr Plan sah vor, das Gewässer über den heutigen Getreidemarkt in den Wienfluß münden zu lassen. Das wiederum war aber den damals sehr angesehenen Färbern, die in der Gegend des Tiefen Grabens ihre Betriebsstätten hatten, alles andere als recht, war doch das Wasser des Ottakringerbaches für ihr Gewerbe von existentieller Bedeutung. Sie protestierten daher gegen das Vorhaben und erreichten, daß – wie so oft in Wien – ein Kompromiß geschlossen wurde: Den Minoriten wurde gestattet, den Bach abzuleiten, und im Gegenzug wurde den Färbern und anderen Gewerbetreibenden erlaubt, unter Umgehung des Baugeländes der Minoritenkirche den Alserbach in das Bett des Ottakringerbaches einzuleiten. Irgendwie – vielleicht durch einen kleinen Umweg, der heute nicht mehr zu eruieren ist – gelang es unserem Bach aber dennoch wieder, der Donau zuzufliessen. Er durfte zusammen mit dem Alserbach den Stadtgraben, der sich vor der Stadtmauer befand, bewässern und mündete dadurch wieder in den späteren Donaukanal.

Zur Ruhe kam der Ottakringerbach aber auch in späteren Jahrhunderten nicht. Den Türken war er bei ihrem zweiten Versuch, Wien dem Propheten zu erobern, sehr hinderlich, störte er doch ihre Unterminierungsversuche an der Stadtmauer. Sie leiteten ihn daher, wie bereits gehabt, wieder über den Getreidemarkt zum Wienfluß ab. Kaum hatte der Polenkönig Jan Sobieski mit seinen Verbündeten die Türkengefahr beseitigt, scheint man den Ottakringerbach wieder in sein altes Bett geleitet zu haben, denn auf einem Plan von Wien aus dem Jahre 1706 fließt er wieder in den Stadtgraben. Wer glaubt, damit hätte unser Bach endlich seine Ruhe gefunden, rechnet nicht mit dem Fortschritt der Technik. Mit der Entwicklung moderner Artilleriegeschoße erübrigte sich ein Stadtgraben und damit auch die Bewässerung desselben. Damit wurde, was bei einem fließenden Element kurios erscheint, der Ottakringerbach für die Wiener überflüssig, zumindest was

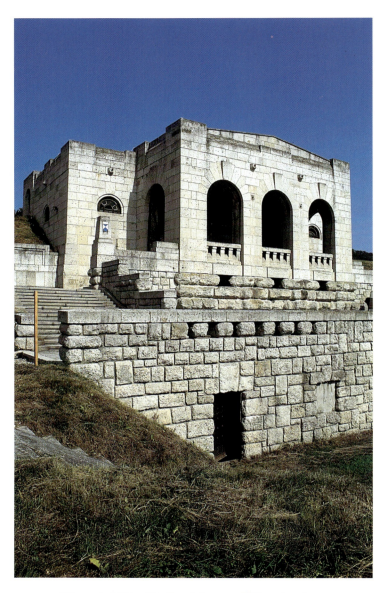

Wasserbehälter für Ottakring am Wilheminenberg

seinen unmittelbaren Nutzen für die Stadt anlangte. Er wurde deshalb wieder – und jetzt offenbar endgültig – dem Wienfluß zugeleitet. Noch heute mündet er zwischen Naschmarkt und dem Verkehrsbüro in den großen Bruder.

Der Mohr hatte seine Schuldigkeit getan und wurde nur noch als lästig empfunden, ja, man schien sich sogar für ihn zu genieren, so daß er in seinem gesamten Verlauf überwölbt und zugedeckt wurde.

Einmal noch versuchte sich der Ottakringerbach gegen seine Vergewaltigung aufzulehnen: Anläßlich eines Hochwassers im Jahre 1862 sprengte er seine Fesseln und zerstörte die Einwölbung im Bereich der Lerchenfelder Straße, an der Grenze vom siebenten zum achten Bezirk. Um derartige Ereignisse in Zukunft zu verhindern, wurde ein unterirdisches Entlastungsgerinne errichtet, das den Bach nun von der Hasnerstraße an über die Neustiftgasse führte. So wurde ein uralter Ottakringer, der so viel für Wien getan hatte, endgültig in den Untergrund verbannt – ein Schicksal, das der Bach später mit vielen Ottakringern teilen sollte, aber davon an anderer Stelle.

Mit den hier vorgestellten Verdiensten des Ottakringerbaches erschöpft sich die Bedeutung Ottakrings für die Entwicklung der Großstadt Wien aber keineswegs. So scheint es gewiß, daß viele der ersten Bewohner Wiens aus Ottakring und seiner Umgebung gekommen sind und von hier aus die Anfänge der Großstadt mitprägten.

Die Besiedelung Ottakrings

Die ersten Menschen im Wiener Raum ließen sich vor mehr als 8.000 Jahren in diesem Gebiet nieder. Funde aus der Jungsteinzeit beweisen, daß die Menschen eben aufgehört hatten, nomadisierende Jäger und Sammler zu sein. Sie begannen, sich in dorfartigen Gemeinschaften zu organisieren und hatten schon erkannt, daß man Tiere zähmen konnte, um aus ihnen Nutzen zu ziehen. Sie legten Felder an, säten und ernteten Getreide, stellten Werkzeuge und Geräte her, die zwar noch nicht aus Metall, aber schon sehr hoch entwickelt waren.

Man sollte aber jetzt nicht meinen, daß diese frühen Siedler im Wiener Becken unbedingt ideale Verhältnisse vorgefanden. Wenn man sich vergegenwärtigt, wie sich damals das Gebiet südlich der Donau im Bereich der heutigen Stadtgrenzen darbot, erkennt man, daß die Landschaft noch lange nicht so war, wie sie etwa 6.000 Jahre später die alten Römer vorfanden, als sie hier ihre Garnison Vindobona gründeten. Landschaftsbild und Bodenverhältnisse im Wiener Becken und dem nordöstlich anschließenden Marchfeld waren einer Besiedelung durchaus nicht günstig: Nach der durch Leopoldsberg und Bisamberg erzwungenen Enge fand die Donau hier in der Ebene genug Raum, um sich in ansehnlicher Breite entwickeln zu können. Sie teilte sich in unzählige Arme auf, nur im Südwesten begrenzte eine dreistufige Terrassenformation, die noch heute im Gelände der Stadt zu sehen ist und die mit den Erweiterungsstufen im Laufe der Geschichte Wiens identisch ist, den unbändigen Expansionsdrang der Donau. In diesem Gebiet, das einem großen See mit vielen Inseln gleicht, war es kaum möglich, sich dauerhaft niederzulassen. Zudem zeigte sich nach jedem Hochwasser der Verlauf einzelner Flußarme stark verändert, und wie man sich leicht vorstellen kann, war das ganze Gebiet sehr feucht und der Gesundheit nicht eben zuträglich. Ankömmlinge, die sich hier ansiedeln wollten, zogen also im Hinblick auf ein Seßhaftwerden bestimmt einen Ort vor, der von den Unwägbarkeiten des großen Stromes nicht unmittelbar betroffen war. Konnten sie etwas Besseres wählen als die östlichen Abhänge des Wienerwaldes?

Weitblickende Neuankömmlinge, die die besonderen Vorzüge dieser Region an der Schnittstelle mehrerer Klimazonen und am Übergang von der pannonischen Ebene zum Hügelland der Alpenausläufer erkannt hatten, wählten daher gewiß einen ganz bestimmten Punkt für ihre Ansiedlung. Erraten: Dieser Punkt konnte wohl nur im Bereich des späteren Ottakring liegen. Zwar gibt es keine wissenschaftlich gesicherten Belege für eine Erstbesiedlung Wiens auf Ottakringer Boden, doch Phantasie und gesunder Menschenverstand lassen keinen Zweifel daran.

Wenn man nun davon ausgeht, und das tun auch die Historiker, daß das Wiental die ideale Route durch die Hügel des Wienerwaldes ins Wiener Becken darstellt, so bilden für eine vom Westen kommende Gruppe die Abhänge des Satzberges und des Wilhelminenberges die günstigsten Stellen, um sich niederzulassen. Nach Osten gelegenes Gelände stellte außerdem für die Menschen der Urzeit schon immer bevorzugtes Siedlungsgebiet dar: Es lag gegen Sonnenaufgang, was für alle Kulturen der Frühzeit allein schon aus kultisch-religiösen Gründen wichtig war. Die Täler, ebenfalls nach Osten gerichtet, hielten zudem den vorherrschenden Wind aus Nordwesten ab, und Wasser gab es zum Beispiel in Form des Ottakringerbaches in ausreichender Menge. Wo hätten sich also bessere Voraussetzungen geboten als am Fuß des Wilhelminenberges, im Liebhartstal am Ufer des Ottakringerbaches? Hier, so kann man sich leicht vorstellen, machte unsere wandernde Gruppe erst einmal Rast und sah sich um.

Jetzt könnte mir ein findiger Leser entgegenhalten, daß eine solche Siedlergruppe nicht unbedingt aus dem Westen und damit durch das Wiental gekommen sein muß. Wie, wenn Menschen aus dem Osten kommend diesen Raum betreten hätten?

Diesen Einwand erwartend, habe ich natürlich auch ein solches Szenario in meine Beweisführung miteinbezogen. Sollten diese Siedlergruppen aus dem Osten gekommen sein (aus dem Norden kamen sie sicher nicht, die Donau war wohl ein zu großes Hindernis), so stellte sich ihnen der Wienerwald mit seinen Erhebungen als Barriere auf ihrem Weg nach Westen entgegen und legte es nahe, sich hier einmal umzuschauen. Taten sie dies, so bot sich ihnen ein Bild, das Menschen, die ein Gefühl für natürliche Gegebenheiten hatten, sicher sehr beeindruckte. Vor ihnen lag jener Platz, der über Jahrtausende hinweg einen Kreuzungspunkt der Lebensräume und Kulturen darstellen sollte. Bis hierher ziehen sich die Alpen, hier teilt die Donau Europa in zwei Hälften, in den nördlichen Teil und in den südlichen, hier ist noch alpines Gebiet, und gleich angrenzend erstreckt sich die Weite der pannonischen Ebene. Vielleicht haben unsere Vorzeitwanderer schon ähnlich gefühlt wie unser verehrter Klassiker Franz Grillparzer, als er meinte: „Hast du vom Kahlenberg, dir rings das Land beseh'n, so kannst du was ich bin und was ich schrieb versteh'n". Wobei, wie ich meine, Grillparzer nur des Versmaßes wegen Kahlenberg statt Wilhelminenberg sagte. Wie auch immer, von beiden Gipfeln ist die wunderbare Gemeinschaft von Berg, Fluß und

Ebene, die Vereinigung verschiedener Landschaften, die das Gebiet von Wien so reizvoll macht, in seiner ganzen Schönheit zu sehen.

Lassen wir also unseren Stammesältesten hier am Fuß des Kahlengebirges verweilen und die Bedingungen im Hinblick auf eine Ortsgründung abschätzen. Zweifellos erkannte er die hervorragende Lage dieses Ortes und veranlaßte seine Gruppe, sich hier niederzulassen, den vorhandenen Wald zu roden, Behausungen zu errichten und das Land urbar zu machen. Seine Leute legten auf den gewonnenen Flächen Felder an und schufen so sich und kommenden Generationen eine Heimat. „Urottakring" war entstanden.

Vor dem phantasievollen Blick des Historikers breitet sich ein dörfliches Idyll aus: Die Menschen gehen friedlich ihrer Arbeit auf den Feldern nach, die sie entlang des Ottakringerbaches angelegt haben, führen ihre Tiere auf die Weide und jagen in den umliegenden Wäldern das noch reichlich vorhandene Wild. Hin und wieder besuchen sie vielleicht eine andere Dorfgemeinschaft, die sich unter Umständen in der Nachbarschaft, vielleicht am Alserbachufer, niedergelassen hat.

Den Funden nach zu schließen, die man im Zuge der Bauarbeiten für die Höhenstraße machte, waren die Menschen der Jungsteinzeit sehr friedlich. Die Waffen, deren Reste man fand, waren kaum dazu geeignet, menschlichen Zeitgenossen die Schädel einzuschlagen oder sie auf andere Art in die „ewigen Jagdgründe" zu befördern. Pfeil- und Speerspitzen unter den Funden waren nur für die Jagd bestimmt, so daß man annehmen kann, daß es damals kaum kriegerische Auseinandersetzungen gab. Diese Menschen, die mit ihren einfachen Werkzeugen und Geräten begannen, die Landschaft zu verändern, hatten genug damit zu tun, der Natur ihre kargen Erträge abzugewinnen; für Kriege fanden sie sicher keine Zeit. Es war nicht gerade üppig zu nennen, was unsere Vorzeit-Ottakringer erwirtschaften konnten, reichte aber zur Ernährung der Familien aus. Man war also nicht unbedingt darauf angewiesen, seinen Nachbarn zu überfallen, um an dessen Vorräte zu gelangen. Man ging lieber auf die Felder und ließ den primitiven Pflug, dessen Schar aus einem flach geschliffenen Stein bestand, von einem Rind durch den Ottakringer Boden ziehen.

Tempel des Fürsten Galicin (Gallitzin)

Die Frauen sorgten im Heim für die Erziehung der Kinder, für die Herstellung von Gefäßen aus Ton und deren künstlerische Gestaltung und erledigten alle Arbeiten, die den Frauen in den nächsten 8.000 Jahren zugeteilt bleiben sollten. Es gab zwar im Laufe der Zeit Weiterentwicklungen und Verbesserungen in der Herstellung von Werkzeugen und Geräten, die Lebensweise blieb aber im wesentlichen unverändert.

Weltweite Klimaveränderungen ungefähr 2.000 Jahre vor unserer Zeitrechnung bewirkten durch lange Trockenzeiten einen Rückgang vieler Gewässer, und zahlreiche Völker fanden in ihren angestammten Lebensräumen keine Möglichkeiten mehr, dem Boden Nahrung abzugewinnen. Sie waren gezwungen, sich auf die Suche nach neuen Lebensräumen zu begeben. Der Verwandtschaft ihrer Sprachen wegen nennt man diese Völker *Indoeuropäer*; ein Teil von ihnen kannte schon das Geheimnis der Metallgewinnung und Verarbeitung und hatte damit auch schon Werkzeuge und Gerätschaften aus Kupfer und später aus Bronze in Gebrauch. Wie schon unser Stammesältester einige tausend Jahre früher, kam ein Teil der wandernden Indoeuropäer auch in das Gebiet Urottakrings und vermischte sich mit den bereits hier einheimisch gewordenen Menschen. Ihre Fähigkeiten auf dem Gebiet der Metallgewinnung sorgten für einen Entwicklungssprung in der Herstellung von Geräten zur Bodenbearbeitung und damit für einen effektiveren Einsatz der Werkzeuge. Eine Ertragssteigerung war die Folge. Zu dieser Zeit zog sich auch das Wasser der Donau etwas zurück und gab damit neuen Boden für die Bestellung frei; Überschwemmungen waren nicht mehr so häufig, die Lebensbedingungen für die Menschen besserten sich zusehends.

Ottakring breitet sich aus

Durch die Zunahme der Bevölkerung wurde es notwendig, den Bereich der Felder, Äcker und Weiden auszudehnen. Im Westen bot das steiler werdende Gelände keine Möglichkeit dazu, also suchten die damaligen Bauern die nun nutzbar gewordenen Flächen in Donaunähe urbar zu machen. Wollte man zu diesen neu entstehenden Feldern und Weiden gelangen, so war es am bequemsten, dem Lauf des Ottakringerbaches zu folgen. Mit der Zeit wurden die Wege zu den Feldern immer weiter, weshalb man wohl auch bald neue Behausungen in der Nähe dieser Gründe errichtete. So entstanden vielleicht schon die Vorläufer der Wiener Vorstädte, ein Prä-Lerchenfeld oder ein Ur-Spittelberg.

Wie reizend ist es doch, sich vorzustellen, wie ein junger Mann der Bronzezeit, um diese handelt es sich inzwischen, einen eigenen Hausstand gründen will und sich aufmacht, einen geeigneten Ort dafür zu finden: Auf der Suche nach diesem Gelände wandert er also, dem Ottakringerbach folgend, aus dem Liebhartstal ostwärts. Der gewünschte Platz soll nicht allzu schwierig zu bebauen sein; das Gelände soll eben sein und Schutz bieten vor eventuellen Bedrohungen (die Zeiten sind nicht mehr so friedlich wie bei seinen Vorfahren im Neolithikum) sowie vor Unbilden der Natur. Und es muß auf jeden Fall in der Nähe von Wasser sein – sicherlich hat der junge Mann eine größere Strecke zurückgelegt, um solch einen Platz zu finden, wie er sind ja auch schon andere junge Männer ausgezogen, eine Heimstatt zu schaffen, so daß in der Nähe gelegene Orte bereits belegt sind. So kommt er zum Unterlauf des Baches. Hier, knapp vor der Mündung des Baches in die Donau, sind ideale Voraussetzungen gegeben. Eine steile Böschung zur Donau, eine ebensolche an der Stelle des nunmehr *Tiefer Graben* genannten Einschnittes des Ottakringerbaches und an der Ostseite ein Gerinne, das bis zum Mittelalter bestand und *Möhrung* genannt wurde. Es mündete beim heutigen Rabensteig in die Donau und existiert heute nicht mehr. Hier also, so wollen wir annehmen, fand der junge Mann den Ort, an dem er seine Hütte errichten konnte. Er erkundete das Gelände genau und ging daran, es für seine Zwecke zu adaptieren, indem er die vorhandenen Bäume rodete und so Platz für einen Acker schuf. Dann baute er sein Haus und bezog es mit seiner ihm vom Schamanen, Druiden oder Dorfältesten angetrauten Frau. Er hatte damit die allererste Siedlung auf Wiener Boden errichtet und damit einen Ort geschaffen, der seither niemals mehr unbesiedelt bleiben sollte.

Wir wissen zwar nicht viel über diese und die folgenden Zeiten, sicher aber ist, daß die Völker, die noch kommen sollten, Illyrer und Kelten waren. Ihr Siedlungsgebiet wurde im Westen vom Ottakringerbach, im Norden von der Donau und im Osten von der

Abend wird es vor dem Schloß

Das Weiße Kreuz, ein Ottakringer Wahrzeichen

Möhrung und dem Wienfluß begrenzt; diesen Ort nannten sie *Vedunia* (Vedunis? Keltisch *vedunia* = Waldbach). Kaiser Domition machte daraus Ende des ersten Jahrhunderts nach Christi Geburt das befestigte römische Legionslager Vindobona. Der Ottakringerbach war selbst den Römern noch dienlich, indem er die westliche Grenze ihres Stützpunkts bildete und absicherte.

Was sich später im Gebiet Wiens noch alles ereignen sollte, ist den meisten Lesern bekannt und auch nicht Gegenstand dieses Berichtes. Wir wollen ja über Ottakring und seinen Einfluß auf Wien erzählen. Wie schon erwähnt, gibt es nicht ausreichend Belege, um die hier skizzierte Besiedelungsgeschichte auch nach den strengen Kriterien der Urgeschichtsforschung rekonstruieren zu können. Der geneigte Leser wird aber, so hoffe ich, diesen Ausführungen doch gefolgt sein, auch wenn statt wissenschaftlicher Fakten Phantasie und die Zuneigung zu Ottakring als Kitt im Mosaik der Darstellung verwendet wurden. Gerne sei natürlich zugegeben, daß es nicht Ottakring allein war, das Wien ermöglichte, aber wichtig für diese Stadt war und ist Ottakring immer gewesen, denn Ottakring und die Ottakringer stellen eine Essenz dar, die Wien und das Wienerische ausmachen.

Eine Stätte der Wissenschaft am Wilhelminenberg

Schachmatt am Wilhelminenberg

Es gab eine Zeit, in der mir Ottakring nur als Ursprungsort jenes Bieres bekannt war, das heute zu den besten Bieren Europas gehört. Hin und wieder hörte ich in Gesprächen der Erwachsenen das Wort *Ottakring*. Mir war nie ganz klar, worüber da gesprochen wurde (Kinder haben meist andere Interessen als die Großen), ich hatte dabei aber immer das Gefühl, es müsse sich um etwas Urwienerisches handeln, etwas, worin zu sein für einen Wiener erstrebenswert sein müßte. Ich war der Meinung, daß man erst dann ein erwachsener, ganzer Wiener sein könnte, wenn man auch schon dort gewesen war. Dort, wo die echten Wiener zu Hause sind. „Draußt in Ottakring" ist eine Wendung, die ich noch heute zu hören glaube, wenn ich an die Unterhaltungen der Erwachsenen von damals zurückdenke. Von meiner Mutter hörte ich oft das Lied „Zwa aus Ottakring", ein Wienerlied, das in heiterer Weise davor warnt, sich mit jemandem aus einem anderen Bezirk zu liieren. Die Strophe mit dem Wortlaut: „De g'hörn zusamm', weils wia zwa Zwetschgen san, vom selben Bam ..." gefiel mir in meiner kindlichen Auffassung besonders gut. Der Zauber um das Wort Ottakring wurde durch diese Strophe noch bedeutsamer. Heute, als Fast-Ottakringer, der ich glaube die Ottakringer einigermaßen zu kennen, weiß ich, wie passend die Worte dieses Liedes sind. Damals allerdings konnte ich das noch nicht ahnen. Was wußte ich damals überhaupt vom Bezirk Ottakring? Der Wilhelminenberg war mir nur als Heimat der „Biologischen Station am Wilhelminenberg" bekannt, von der ich in der vielgesehenen Fernsehsendung Prof. Otto Königs immer wieder erfuhr. Der Anlaß für meine erste Begegnung mit diesem Ottakringer Hausberg war dann ein, nicht nur für junge Menschen, sehr erfreulicher Umstand:

Anläßlich einer Tanzveranstaltung in dem heute nicht mehr bestehenden legendären Etablissement *Zum Grünen Tor*, das sich in der Lerchenfelder Straße befand, lernte ich eine bezaubernde junge Dame kennen, der ich den ganzen Abend widmete. Am Ende der Veranstaltung war es für mich eine Selbstverständlichkeit, die

Schloß Wilhelminenberg

Jagd am Wilhelminenberg

reizende Tanzpartnerin nach Hause zu bringen. Darauf bedacht, möglichst galant, großzügig und weltmännisch zu erscheinen, bediente ich mich dabei eines Taxis und hoffte, mit der mir verbliebenen Barschaft (sie war durch mehrere Sektspenden ziemlich beeinträchtigt) die Taxirechnung bezahlen zu können. Zu meinem und meiner Geldbörse Glück stellte sich heraus, daß die junge Dame im nahen Ottakring zu Hause war und damit die Rechnung im von mir zu leistenden Rahmen bleiben würde. Meine Konzentration bei der Konversation mit der Dame war durch die Aufmerksamkeit, die ich dem Taxameter schenkte, etwas eingeschränkt, weshalb ich wahrscheinlich nur belangloses Zeug plapperte. Wir fuhren die mir damals noch unbekannte Thaliastraße hinauf und bogen in eine Gasse ein, von der ich heute weiß, daß es die Arltgasse (Schuhmeierplatz) war. Der Taxameter zeigte einen Betrag von 25 Schilling an und bot mir, der ich noch 30 Schilling in der Tasche wußte, Gelegenheit, der entzückenden Ottakringerin meine Großzügigkeit zu beweisen, indem ich dem Taxifahrer meine 30 Schilling überreichte und mit einer noblen Geste „Stimmt schon!" sagte. Ob es meine Großzügigkeit war, die die Tochter Ottakrings so beeindruckte, daß sie sich vor ihrem Haustor dazu überreden ließ, für den darauffolgenden Sonntag mit mir einen Ausflug zu vereinbaren, weiß ich nicht. Jedenfalls ließ sie sich zu dem sonst Üblichen und von mir Erwarteten nicht überreden, ich durfte ihr nur noch höflich die Hand geben, um sie darauf hinter der Haustür entschwinden zu sehen. Meine Hoffnungen mußte ich somit auf das nächste Treffen richten, und diese frohe Erwartungshaltung brachte mich dazu, den sieben Kilometer langen Weg nach Hause zu Fuß anzutreten. Der Überschwang an Gefühlen verschaffte mir eine Stimmung, in der ich glaubte, auf Wolken zu gehen und gar nicht merkte, daß ich mitten in der Nacht drei Bezirke durchwanderte.

Vor lauter Ungeduld wollte und wollte die Zeit bis zum nächsten Samstag nicht vergehen, doch endlich war mein Tag gekommen: Die Straßenbahn benützend, machte ich mich auf, zum ersten Mal bewußt Ottakring zu besuchen. Wir wollten uns in der Thaliastraße gegenüber einem bekannten Damenmodenhaus treffen, denn sie wollte sich, ich weiß nicht warum, nicht von zu Hause abholen lassen. Während ich auf die Dame wartete, natürlich war sie nicht pünktlich, hatte ich meine erste, wenn auch vorerst nur visuelle Begegnung mit dem Wilhelminenberg. Ich blickte dem schnurgeraden Verlauf der Thaliastraße folgend nach Westen und sah dabei am Ende dieser Verkehrsader, die sich in ihrer Fortsetzung bis zur halben Höhe der Erhebung zog, das freundliche Bild eines Berges. Das Ende der Straße, von der ich heute weiß, daß es sich um die Gallitzinstraße handelte, war von einem schloßähnlichen Gebäude gekrönt, das sofort mein Interesse erregte. Sollte ich in dem Bauwerk eine Burg entdeckt haben, von der ich weder in der Schule noch sonst wo gehört hatte? Während ich noch über diese Möglichkeit nachdachte, erschien mein erwartetes Traumwesen, begrüßte mich und lispelte reizende Worte der Entschuldigung für das Zuspätkommen. Meine Rolle des großzügigen Kavaliers weiterspielend, erklärte ich, daß mir das Warten gar nichts ausgemacht hätte; der Berg im Westen Ottakrings, der in sattem Grün prangte, sei ein bezaubernder Anblick. „Das ist der Wilheminenberg", erklärte mein holder, lang erwarteter Engel. Jetzt wußte ich endlich, wo dieser Berg, von dem ich wußte, daß er die Biologische Station Professor Königs beherbergte, zu finden war. Gleichzeitig wußte ich auch, wohin der Ausflug mit der jungen Dame gehen würde. Listig, wie ich schon damals war, konnte ich damit gleich zwei (oder mehr?) Fliegen mit einem Streich treffen. Sollte der Spaziergang mit dem holden Wesen meine Erwartungen nicht erfüllen, so konnte ich, wie ich mir schlau überlegte, zumindest etwas über das seltsame Gebäude, das mein Interesse erweckt hatte, erfahren. Zu meiner großen Freude war das Mädchen einverstanden, und wir gingen die Thaliastraße stadtauswärts in Richtung Wilhelminenberg.

Was meine heimlichen Erwartungen betrifft, kann ich kurz berichten: Ich erfuhr, was es mit dem schloßähnlichen Gebäude auf sich hat. Wie mir ein vorbeikommender Ottakringer erklärte, handle es sich um die sogenannte „Ganserlburg". Sie wäre zu Ende des vergangenen Jahrhunderts von einem Kapitalistenbrüderpaar namens Novack errichtet worden und hätte wegen eines dort stattgefundenen Ganselessens von den Ottakringern diesen Namen bekommen. Verständnisvoll zwinkernd ließ mich der freundliche Spaziergänger mit meiner Begleitung zurück.

Daß es sonst über diesen Ausflug nichts zu berichten gibt, lag an

Thaliastraße in Richtung Liebhartstal

Johann-Staud-Straße, früher Steinhof Straße

Die Kuffner-Sternwarte in der Johann-Staud-Straße

meiner schüchternen Befangenheit. Die reizende junge Ottakringerin, die mir das Vergnügen (und sonst keines) machte, den Wilhelminenberg kennenzulernen, erschien mir so edel und engelhaft unnahbar, daß ich sie mit meinen allzu irdischen Wünschen nicht behelligen wollte. Der Tag verlief zwar sehr schön und aufregend, aber, wie ich zu meiner Ehre sagen kann, auch äußerst keusch. Nach diesem Ausflug trafen wir einander noch ein- oder zweimal zu Kinobesuchen, dann aber nicht mehr. Eine Freundin der schönen Ottakringerin, mit der ich mich später, weniger schüchtern, tröstete, sagte mir, ihre Freundin hätte mich fade gefunden; ich hätte nicht einmal, was sie sich so gewünscht hätte, ihre Hand gehalten ... Wie man sieht, hatte ich damals noch viel zu lernen. Zu meiner Entschuldigung muß ich allerdings vorbringen, daß der Eindruck des Wilhelminenberges auf mich so groß war, daß ich nicht mit dem erforderlichen Nachdruck bei dem Mädchen agieren konnte. Was aber mein Wissen über Wien und seine Schönheiten betrifft, hatte ich wieder einiges gelernt und einige Mosaiksteine zu meinem heutigen Wienbild gefunden. Einige Jahre später bot sich mir dann die Gelegenheit, öfter in Ottakring zu sein, denn eine meiner Tanten hatte in der Brüßlgasse eine Wohnung bezogen und wurde dort von mir regelmäßig besucht. Diese Tante war es auch, der ich es indirekt zu verdanken habe, daß ich jetzt schon mehr als 25 Jahre in Ottakring arbeite, es ganz gut zu kennen glaube und auch liebengelernt habe. Sie war es nämlich, die mir erzählte, daß der Besitzer des Geschäftes, das heute meine Arbeitsstätte bildet, sich mit dem Gedanken trage, sein Geschäft aufzugeben. So kam es dazu, daß ich durch die Vermittlung der Tante diese Buchhandlung erwarb. Bald nachdem ich begonnen hatte, in der Thaliastraße zu arbeiten, lernte ich unter den benachbarten Geschäftsleuten einen jungen Mann kennen, der in meinem Alter und mir auch sonst ähnlich war. Er war im Herrenmodengeschäft seiner Mutter beschäftigt und versorgte sich öfter bei mir mit Lektüre für die Mittagspause. Eines Tages schlug einer von uns – ich weiß nicht mehr, war es Otto, mein Nachbar, oder ich – vor, die zweistündige Mittagspause in einem schönen Grüngebiet des Bezirks zu verbringen, zum Beispiel am Wilheminenberg. Rasch wurden Wurstsemmeln besorgt und zwei Flaschen Bier erstanden, und schon ging es, die Niederungen des

Geschäftslebens hinter, eigentlich sogar unter uns lassend, der Anhöhe des Wilhelminenbergs zu. Die Johann-Staud-Straße hinauf fuhren wir auf den ersten Parkplatz neben der Straße, stellten dort unser Gefährt ab und begaben uns zur nahen Steinbruchwiese. Wir setzten uns auf eine Bank und wickelten die mitgebrachten Wurstsemmeln aus. Die Flaschen mit Bier sollten nicht nur dazu dienen, unseren Durst zu stillen, sie dienten dann (ohne daß wir das vorher irgendwie besprochen oder gewußt hätten) dem hehren Ritual des Brüderschaft-Trinkens, das Freundschaften oft vorausgeht ...

Den jüngeren Lesern muß dazu gesagt werden, daß damals, vor mehr als 20 Jahren, die Umgangsformen noch starrer und formeller waren. Erwachsene, und das waren wir immerhin mit 25 bzw. 27 Jahren schon, sagten zueinander nur „Sie“. Kaum hatten wir also unsere Wurstsemmeln aus dem Papier genommen und die Bierflaschen geöffnet, stießen wir, einer Eingebung folgend, mit den vollen Bierflaschen an, nannten jeweils unsere Vornamen und reichten uns, durchaus im Bewußtsein des bedeutungsvollen Augenblicks, die Hand. Dies war nicht nur der Anfang einer jahrelangen Freundschaft, sondern auch der Beginn der regelmäßigen Mittagspausen am Wilhelminenberg.

Fast jeden Tag, wenn es die geschäftlichen und wetterbedingten Umstände zuließen, absolvierten wir die Mittagspause entweder im Garten des Restaurants bei der Vogeltennwiese neben der Jubiläumswarte, oder wir aßen mitgebrachte Kabanossi mit einer Semmel. Dann gingen wir spazieren oder plauderten auf der Wiese sitzend, bis die Zeit gekommen war, wieder zu Tal und in unser G'wölb zu fahren. Diese Gewohnheit sollte nur insofern eine kleine Veränderung erfahren, als wir einmal auch ein Schachbrett mitnahmen und ab diesem Zeitpunkt fast nur noch Schach spielten. Meistens saßen wir neben dem kleinen Teich über der Steinbruchwiese, frönten dem „Königlichen Spiel“ und aßen dabei unsere Kabanossi. Otto war der weitaus bessere Schachspieler von uns beiden. Er plante ruhig und überlegte seine Züge und wartete meine hektisch raschen, meist unüberlegten Züge gelassen ab, um im richtigen Moment dann den entscheidenden Zug zu machen und mich matt zu setzen. Die Folge dieser unterschiedlichen Spielmentalität war, daß Otto von zehn gespielten Partien

Ein Morgen am Wilheminenberg

Blick auf Ottakring

Katharinenruhe

zumindest sieben Spiele für sich entscheiden konnte. Da ich mir aber der Überlegenheit meines Gegners bewußt war, ließ ich es mich nicht verdrießen und freute mich um so mehr, wenn es mir doch gelang, Otto zu besiegen. Um die Partie dramatischer zu gestalten und ihr etwas Pfeffer zu geben, sagte Otto den Zug voraus, mit dem er mich matt setzen wollte. Mit dem zwanzigsten Zug wollte er meinen König in die Enge treiben. Otto hatte recht, das für ihn schon fast uninteressant gewordene Spiel bekam durch seine Ankündigung, Würze und Spannung. Zwar war an seinem Sieg nicht zu zweifeln, daß er es aber schaffen sollte, genau mit dem zwanzigsten Zug die Partie zu beenden, wäre doch eine bemerkenswerte Leistung gewesen. Jetzt hatte ich wenn schon nicht die Hoffnung auf einen Sieg, so doch die Möglichkeit, Otto wenigstens versagen zu sehen. Ich verzögerte das Spiel so gut ich konnte, ich war es meiner Schachspielerehre schuldig, nicht völlig gedemütigt zu werden. Sorgfältig wie noch nie zuvor plante ich meine Vorhaben, genau beobachtete ich alle Züge, die Otto machte. Meine Hände schwitzten bei jedem Zug. Otto, kühl und überlegen wie immer, annoncierte seinen sechzehnten Zug. Meine schweißnassen Hände bewegten sich fahrig über das Spielbrett und führten meine Aktion durch. Wie aus einem and?ren Raum hörte ich Ottos Stimme „siebzehn!" sagen. Die Vögel tirilierten im Laub der Bäume, durch das das Sonnenlicht fiel, und machten mich noch nervöser, als ich schon war. Der leichte Wind, der die Äste und Blätter bewegte, streichelte mich sanft und ging mir, zusammen mit den zwitschernden Vögeln, schrecklich auf die Nerven. Alles, was sonst geeignet war, bei mir Ruhe und Beglückung eintreten zu lassen, bewirkte das Gegenteil. Otto – in seiner provokanten Ruhe – sagte, indem er lächelnd und überlegen eine Figur bewegte: „achtzehn!" Während ich ihm mit dem neunzehnten Zug antwortete, stellten sich bei mir am Hals hektische rote Flecken ein, die sich anschickten, in kurzer Zeit mein ganzes Gesicht zu überziehen. Nein – er durfte es nicht schaffen, mochte es kosten, was es wollte. Die Ehre gebot es, meine Haut so teuer als möglich zu verkaufen. Unsicher schob ich den Läufer auf das wie mir schien günstigste Feld und hörte Ottos Stimme „neunzehn!" sagen. Was blieb mir jetzt noch zu tun? Mit mühsam unterdrückter Unruhe stellte ich meine Dame, die ich erfol-

Bus-Station STIEGE *(Joh.-Staud-Straße)*

greich den Nachstellungen Ottos entzogen hatte, auf das vom Läufer gedeckte Feld vor Ottos König und sagte: „*Zwanzig – schachmatt!*"

Nie werde ich das Gesicht Ottos und seinen ins Leere gehenden, ungläubigen Blick vergessen; verzweifelt starrte er auf das Schachbrett und suchte nach einem Ausweg. Damit wurde mir eines der schönsten Erlebnisse auf dem Wilhelminenberg geschenkt.

Das Baumwunder vom Wilhelminenberg

Man kann im Wald spazieren geh'n,
Und dabei vüle Wunder sehn.
's kummt manchem wia a Wunder vur,
Was sich so zeigt in der Natur.
Für mi des größte Wunderwerk,
Des steht am Wilhelminenberg.
Und sollte jetzt wer Zweifel hegen,
I kann des, was ich sag', belegen.

Nach aner Wanderung im Grünen,
Die Sonn' hat a recht freundlich g'schienen,
Kumm' i zur Jubiläumswarte,
Siech durt beim Wirt die Speisekarte.
Und denk: Nach dem Spazierenlaufen
könnt' i mir a Gulasch kaufen.
Dazua, denk' i, bestell i mir
A Krügel Ottakringer Bier.

Im Schatten von der Aussichtswarten
Geh' i in den Gasthausgarten.
Hab' glei a großes Glück dabei,
Im Eck war grad a Tisch no frei.
Dort hat, des hab' ich glei entdeckt,
Schon jemandem a Gulasch g'schmeckt.
Von Semmeln, die dazua des Beste,
War'n am Tischtuch noch die Reste.

Hat halt der Kellner, dieser Esel,
No net wegag'wischt die Brösel.
Wia i darüber no sinnier',
Steht schon der Kellner hinter mir.
Er fragt, derweil die Vogerl singen:
„Was darf ich denn dem Herren bringen?"

———

I sag': „A Gulasch und a Bier,
Doch erst machen S' den G'fallen mir
Und tuan, bevor S' in d' Kuchel zischen,
Vielleicht den Tisch no sauber wischen!"
D'rauf sagt er mir, ganz ohne Scham:
„Des san nur Blüten von dem Bam.

Und des ganze Sauberputzen
tut deswegn gar nix nutzen!"
I tua mein' Blick zum Baum erheben
Und schrei: „Daß 's so was gibt im Leben,
Meiner Seel', man glaubert 's kaum,
i sitz' unter an Semmelbaum!"

Die Kellneraug'n werd'n rund und runder
Ka Wunder, bei an solchen Wunder.

Die alte, bereits abgebrochene Remise

I geh' aus mein
Bezirk net furt

Er brauchte gute drei Minuten, um vom Haustor zu seiner Beiwagenmaschine zu kommen, die er um die Ecke in der Klausgasse
abgestellt hatte. Durch eine Gehbehinderung, deren Ursache mir
damals noch nicht bekannt war, konnte er sich nur langsam fortbewegen. Sein rechtes Bein war steif. Diese Behinderung war auch
die Ursache, daß er bei der Besteigung des Motorrades einen
bestimmten Bewegungsablauf fast wie ein Ritual zelebrierte. Erst
klemmte er den, ihn bis dahin stützenden Stock auf eine bestimmte Weise zwischen Motorrad und Beiwagen fest, dann trat er, sich
mit den Händen an der Lenkstange und dem Sattel abstützend,
mehrmals den Kickstarthebel durch. Wenn alles gut ging (was
aber eher selten der Fall war), sprang der Motor des schon sehr
betagten Vehikels an, unter Geräuschen allerdings, die einen
gewissen Widerwillen vermuten ließen. Ein dumpfes Knattern und
Tuckern zeigte dann, daß die Maschine doch bereit war, ihrem
Benützer dienen zu wollen. Nach mehrmaligem Verdrehen des
Gasgriffes, dem eine Frequenzsteigerung des Tuckerns folgte,
beförderte er sein steifes Bein mühsam über den Sattel und rutschte dann mit seinem Gesäß nach, bis er in eine sitzende Position
kam. Er rückte sich in dem breiten Sattel zurecht, blickte sich um
und ließ den Kupplungshebel aus. Ein schnappendes, klackendes
Geräusch zeigte den Einkupplungsvorgang an, und das Gefährt
setzte sich in Bewegung. Langsam und, wie mir schien, fast unwillig nahm die Maschine die Fahrt in Angriff. Unter Hinterlassung
einer bläulichen Auspuffahne und den immer leiser werdenden
Geräuschen entfernten sich Fahrer und Gefährt. Noch einige Zeit
lag der Geruch des Benzingemisches in der Klausgasse, während
der Verursacher von Geräusch und Geruch schon zu einem Punkt
am Horizont vor der Schmelz geworden war. Dieser Vorgang wiederholte sich jeden Morgen, wenn ich mit meiner Arbeit begann.
Es war mein erstes Jahr in Ottakring und er, Josef W., war der
erste mir bemerkenswert erscheinende Ottakringer, ein Original,
wie ich mir dachte, das ich kennenlernen wollte. Welches Ottakringer Juwel er darstellte, sollte ich erst später erfahren.

Josef W., mit dem mich nun schon lange eine echte Freundschaft verbindet, ist eines der letzten Exemplare des „Homo Ottakringensis", das Zeit seines Lebens kaum aus seinem Bezirk herauskam und es eigentlich auch nie wollte. Schon die Josefstadt, so pflegt er zu sagen, sei Ausland. Sein Leben, das vor 85 Jahren begann, hatte er im großen und ganzen auf einem Gebiet verbracht, das nicht einmal einen Quadratkilometer groß ist. Zwischen seinem Geburtshaus und seinem jetzigen Wohnhaus liegt gerade eine Entfernung von 200 Metern Luftlinie. Josef W. wurde im Jahre 1909 im Dunstkreis der Schlote der Ottakringer Brauerei geboren; ein Verkehrsunfall in jungen Jahren kostete ihn sein rechtes Bein, was vielleicht auch ein Grund für seine fehlende Mobilität und der daraus resultierenden Bezirksverbundenheit ist. Josef W. wohnt seit ewigen Zeiten in jenem Haus, in dem sich meine Arbeitsstätte befindet. Er war nach seinem Unfall, da er seinen Beruf des Automechanikers nicht mehr ausüben konnte, im Installateurgeschäft eines Verwandten beschäftigt, das sich in diesem Haus befand, und bewohnt seither eine ebenerdige Wohnung, die sich neben dem Geschäft befindet. Josef W. hat auf diese Weise seinen Lebensalltag einigermaßen arrangiert und in den Griff bekommen. Sein Weg zur Arbeit war trotz Behinderung zu bewältigen, ebenso die berufliche Tätigkeit selbst – das Verkaufen von Dichtungen und anderem Installationsmaterial. Seit dem Krieg bewohnt er diese Zimmer-Küche-Wohnung mit seiner Lebensgefährtin Erna. Da sich meine Buchhandlung in eben diesem Haus befindet, war es nur natürlich, daß ich Josef W. bald besser kennen und etwas später auch schätzen, sogar lieben lernte. Seit fast 20 Jahren darf ich mich als seinen Freund bezeichnen. Eine Ehre, der ich mir, und das ist wirklich ernst gemeint, durchaus bewußt bin. Josef W. geht mit diesem Begriff nicht sehr großzügig um, er sieht sich Menschen, die er Freunde nennen will, sehr gut an. Bevor ich nun Sepp, so nenne ich Josef W., selbst zu Worte kommen lasse, will ich versuchen, seine Person zu beschreiben. Sepp ist ein eher kleiner, aber kräftig gebauter Mann mit dichtem weißem Haar und markanten Gesichtszügen. Seine hellblauen Augen über der fleischigen Nase blicken, den 85 Jahren zum Trotz, noch immer wach und interessiert in die Welt. Seine Ansichten sind fest und von klarem Hausverstand geleitet. Auch in Zeiten, in denen ein opportunistisches „sich's Richten" durchaus üblich war, hat Sepp, so habe ich gehört, nie seinen Standpunkt verlassen. Daraus resultierenden Schwierigkeiten begegnete Sepp mit schwejkscher List und Zivilcourage, wodurch er auch diese Zeiten relativ unbeschadet überstanden hat. In den zwanziger Jahren erlernte er seinen Beruf in einer, wie er stolz zu sagen pflegt, „Weltbude", einer damals wirklich sehr bekannten Mercedes-Werkstatt. Lange übte er seinen erlernten Beruf aber nicht aus, da er es vorzog, das freie Leben eines Taxichauffeurs zu führen. Zeitweise verdingte sich Sepp auch als Privatchauffeur, worüber noch zu berichten sein wird. Seine Leidenschaft für Fahrzeuge und Motoren war es auch, die ihn dazu brachte, sich ein Motorrad zu beschaffen; infolge eines schweren Unfalls mit diesem Fahrzeug verlor er ein Bein. Seine Erna kennt er seit dem Krieg und bildet zusammen mit ihr ein fast rührendes Beispiel für Zusammengehörigkeit. Das klassische alte Ehepaar Philemon und Baucis, von dem Ovid berichtet, daß es nur den Wunsch gehabt habe, gemeinsam zu sterben, scheint das Vorbild für Sepp und Erna gewesen zu sein. Gemeinsam mit Erna zog Sepp nach dem Krieg deren Tochter auf und war, wie ich versichert bekam, ein besorgter Vater, der in der nicht einfachen Nachkriegszeit auf allerlei Wegen immer dafür sorgte, daß kein allzu großer Mangel zu spüren war. Die letzten Jahre vor seiner Pensionierung war Sepp als Platzmeister eines Altmetallverwertungsbetriebes beschäftigt. Zu diesem Arbeitsplatz in der Gablenzgasse führte auch jeden Morgen die anfangs beschriebene Motorradfahrt.

Was es noch zu sagen gäbe, um Sepp zu beschreiben, will ich lieber der Aussagekraft seiner eigenen Worte überlassen. Zwar liegt ein großer Teil der Originalität in Sepps Sprache, in seinem Tonfall und in der unnachahmlichen Art, wie Sepp seine Worte klingen läßt. Er spricht eher langsam, mit einer Stimme, die irgendwo zwischen Bariton und Baß angesiedelt ist. Er versteht es wunderbar, einzelne Worte besonders zu artikulieren, einmal leiser und gleich darauf wieder eindringlich zu sprechen. Dabei bleibt er immer angenehm und klar formulierend, kurz, es ist ein Vergnügen, ihm zuzuhören. Ich hoffe, mir gelingt es, den ganzen Reiz seines ursprünglichen Ottakringerisch auch schriftlich wiederzugeben.

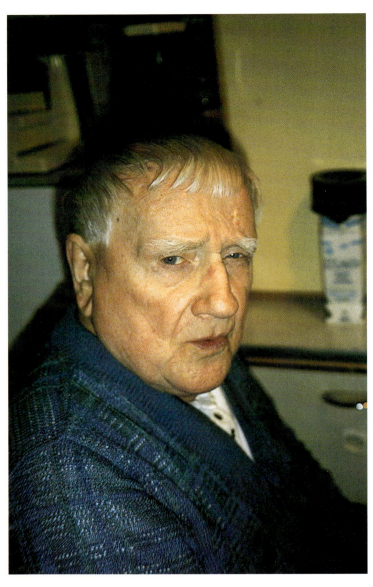

Mein Freund und Nachbar Sepp (Foto: V. Wimmer)

Eigentlich wollte ich von Sepp nur einiges über das alte Ottakring erfahren. Ich nahm also mein Diktiergerät, setzte mich zu Sepp in seine Küche und begann, ihm Fragen zu stellen.
Meine erste Frage lautete:

Sepp, du bist ein alter Ottakringer und hast dein ganzes Leben hier verbracht. Wo bist du geboren worden?
Josef W.: Da gleich bei der Brauerei Ottakring, auch in einem Haus von der Brauerei ... Heut is' des gar keine Gassen mehr, das ganze wurde abgesperrt ... auch für die Brauerei ... die alten Häuser san alle weg'grissen ... ein uraltes Stück Ottakring wurde ausradiert.

Und wo war das Haus genau?
Josef W.: In der Friedrich-Kaiser-Gassen ... die is' aber abg'sperrt worden und is' heut' unterbrochen. Sie geht nur mehr bis zu Feßtgasse und dann erst wieder ab der Kuffnergassen weiter.

Wie waren damals die Wohnverhältnisse?
Josef W.: Ha, mein Gott ... a winzige Küche-Kabinett-Zimmerwohnung im Tiefparterre – die Eingangstür in' Hof, a Glastür, wo man sich hat im Winter erst müassen rausschaufeln, wann der Schnee bis zur halben Höhe da Tür g'legn is'.

Man kann sicher nicht sagen, daß das eine gesunde Wohnung war!
Josef W.: G'sund ...? Mein Gott, g'sund ... na, a luftige Wohnung war's. Im Hof war a klaner Garten, und früher hat si ja des Ganze in Freien abg'spielt ... außerhalb der Wohnung halt. De Hausparteien san g'sessen in Summer in Hof, und da is' erzählt wordn, da hat's a Hetz gebn ... net so wia heut'. Des war a Gemeinschaft, de was 's heut' nimmer gibt.

Und die Kinder, wo haben die gespielt, wo haben die ihre Abenteuer erlebt?
Josef W.: Bei uns hat si immer alles auf der Straßen abg'spielt, weil ja die Wohnung zu klein war ... im Summer barfuß ... bis spät in'n Herbst eine hat's kane Schuach gebn. A jeder hat a anziges Paar Schuach g'habt, und de haben g'schont werden müassen.

Hauptsächlich haben wir ja Fuaßball g'spielt, eben in de Gassen ... Verkehr war ja kaner. Mia ham nur aufpassen müassen, daß ka Wachter kummt. Wann so aner kumman is', mit der Pickelhaubn und dem Sabel ... ah, da hamma schon g'schaut, daß ma verschwinden, weil erlaubt war des net. Mit an Fetzenlaberl ham mia damals Fuaßball g'spielt ... Da war aner d'runter, der hat aus alte Damenstrümpf' immer a ganz hervorragendes Laberl verfertigt. Mitg'spielt hat er aber net ... So guat er die Laberln g'macht hat, so wenig Tau hat er von Kicken g'habt ... Ein jugendlicher Hilfsarbeiter, a sogenannter Hilfsprügel, wia mir damals zu eahm g'sagt ham. Natürlich ham mia g'spielt ohne Schuach ... na, de Haxen kann ma si vurstellen auf d' Nacht, da ham de Zechen dementsprechend ausg'schaut. Aber mir san in a Schaffel kaltes Wasser g'stellt wurn, und damit hat sa si g'habt.

Und wo wart ihr, wenn ihr nicht Fußball g'spielt habt?
Josef W.: Für die großen Sachen is' ja nur de Schmelz in Frage kummen. Des „große Abenteuer" hat sich speziell am Exerzierplatz, wo ja untern Kaiser no de Manöver warn, abg'spielt. Da warn so murdstrumm Löcher ... eigentlich Schützengräben, na, des war ja für uns Buam des Paradies ... Durt spiel'n war aber nur möglich, wann's längere Zeit net g'regnet g'habt hat, wann a längere Schönwetterperiode war. Weu nach an Regen hätt ma in de Gruabn schwimmen lernen können ... Ja, des war de Schmelz – heute natürlich – san lauter Gärten, aber man muaß sagen, schöne Gärten, wirklich schön is' es durt jetzt. Wann mir amal weiter weg san aus unsern Krätzel, na, dann san ma ins Liebhartstal außegangen, aber des war eher selten, meistens war ma nur in dera Gegend da.

Habt ihr euch vielleicht nicht rausgetraut aus eurem Revier, habt ihr Angst gehabt vor anderen Banden?
Josef W.: Angst? Geh, naaa! Freilich hat's hin und wieder wo a Raferei gebn, des war aber nie was Ernstes, des warn mehr so Kindereien, da war immer a Versöhnung möglich ... Aber da am Platz vorn, am Nepomuk-Berger-Platz, der Park ... da war a eigene Clique, durt warn a de berüchtigten Mörse-Buam ... Mörse-Buam hams g'hassen, des warn drei, vier Brüader, die ham viel mit der Polizei z'tuan g'habt ... aber sie warn natürlich kane Mörda, son-

dern, wia es schon damals war, mehr so Angeber, Krawallierer, Krawäulmacher halt, und deshalb die Feindschaft mit der Polizei ... aber wie gesagt, Mörder warn s' kane. Sie ham halt so umadumg'stänkert in de Wirtshäuser und so.

Hat es viele Wirtshäuser gegeben?
Josef W.: Ja, na was freilich! Ans war a Schlager, a Wirtshäusl, wo zehn Leut nur Platz g'habt ham, so klan war des, und zwar war des glei neben an Kino, des hat „Zentral Kino" g'hassen ... Des war da, wo heut' die Bank drin is', de Länderbank – net. Des große Eckhaus. Des Kino war ja für a Vurstadt, also für an Vurort war's ja ans von de größten, überhaupt des größte Kino ... Des Zentralkino und des Weltspiegel am Gürtel, des warn zu der Zeit die Kinos. Früher war des Zentralkino ja an der Ecken Blumberggassen, wo heut' die Post drin is'. Da war's ja no a sogenanntes „Kabinettkino", so klan war des durt. Da hat's no a Kino gebn, draußt in der Speckbachergassen, mir ham's Speckbacherkino g'nennt, des hat überhaupt nur Platz g'habt für zwanz'g, fünfazwanz'g Leut. A uralte Klavierspülerin hat auf an Klavier umanandklimpert, Tonfilm hat's ja no kan gebn. Wann hint a paar Übermütige g'sessen san, de ham oft mit an Huat des Loch zuag'halten, und dann war halt Pause! ... So a Kino war des!

Seid ihr oft im Kino g'wesen?
Josef W.: Wir wärn gern öfter g'angen, aber des Geld! Da war unter de Buam wia mir aner drunter – a Berufsschnorrer –, der war a Kapazität. Der hat so in aner halben Stund vur'n Kino für drei, manchesmal sogar für viere von uns des Kinogeld z'samm-pabbelt. Na, kost hat's ja nur, vurn, 50 Groschen. Wann er da de Leut, de vurn Kino g'standen san, speziell Pärchen, ganz schüchtern um zehn Groschen anbettelt hat, zehn Groschen hat sogar a Arbeitsloser hergebn. Des hat er sich a no leisten können. Na so hat er in aner halben Stund des Kinogeld für uns z'samm g'habt, na und dann warn mir alle drinn.

Was hat zum Beispiel ein Arbeiter damals verdient?
Josef W.: A Facharbeiter hat verdient 30 bis 35 Schilling, und wann er halt wirklich a Spezialist war, no is' er kumman auf 50

Geburtshaus des Bildautors

Der Wasserer *in einem Altottakringer Hinterhof*

Schilling. A Hilfsarbeiter hat höchstens 30 Schilling in der Wochen verdient, er hat si aber trotzdem am Samstag beim Hamgehn a Paar Halbschuach kaufen können, um a 15 Schilling. Vom Rest hat die Familie a no g'lebt, selbst mit zwa Kinda. Des mit'n Geld war ja wirklich no ganz was anderes. A Semmel da hat 'kost fünf Groschen ... In Wirtshaus a Wiener Schnitzel samt Beilag' hat kost – an Schilling. Dazua hat ma 'trunken a Viertel Wein uma 25 Groschen oder a Bier um 40 Gröscherl! Ja, des war der sogenannte Alpendollar ... trotz 150.000 Arbeitslose!

Warst du auch arbeitslos?
Josef W.: (nachdenklich) Arbeitslos, eigentlich arbeitslos war i net. Da bin i no in die Schul' g'angen ... fünf Volksschulklassen, drei Klassen Bürgerschul', wia's damals g'hassen hat.

Wo waren die Schulen?
Josef W.: Da, da auf der Thaliastraßen, was heut' Schuhmeierplatz haßt, die hat damals „Habsburger-Schul'" g'hassen, weil der Platz ja no der Habsburger-Platz war. Na heut' is' durt der Schuhmeierhof, vis-à-vis vom Seversaal. Des war de Bürgerschul'!

Wo bist du in die Volksschule gegangen?
Josef W.: Da, glei bei uns ... 150 Schritt, in da Abelegassen ... existiert heut' a nimmer. Des war a Durchhaus-Schul', vurn de Buamaschul' und auf der andern Seiten de Madlschul'. 150 Schritt hamma g'habt. Fünf Minuten, bevor de Schul' ang'fangt hat, sam ma halt schnell abeg'rennt, weil ma ja nur zwa Minuten g'rennt san. Bloßfüaßig im Summa natürli. Es hat si zwar amal a Lehrer beschwert, na aber den hat dann mei Mutter glei Mores g'lernt. Mitn Waschprügel is' in de Schul' kumman. Na, die hat eahm glei aufgeklärt. Wann er will, daß i in der Schul' Schuach trag, dann muaß er mir a welche kaufen. Damit war der Fall a gleich erledigt, er hat nimmer aufg'muckt. Es hätt' a gar kan Sinn g'habt.

Was habt ihr im Winter gemacht?
Josef W.: Na ja, was ... im Winter samma Rodelfahrn g'angen, auße ins Liebhartstal auffe. Durt war a Rodelbahn. Des Liebhartstal is' ja für uns bis zur Jubiläumswarte auffeg'angen.

War dort noch die alte hölzerne Warte?
Josef W.: Aber na, geh, die soll doch gleich nach der Erbauung von Wind verblasen worn sein. I hab' nur a eiserne Jubiläumswarte damals kennt, und sogar die war bald z'amg'rost', da ham sie s' dann erneuert, aus Beton. Dann war durt no a großer Staabruch ... i waaß gar net, ob der no existiert, da ham mir uns Stanaschlachten g'liefert mit die Einheimischen von da draußen, in unserer Unvernunft. Da san Staner g'flogn, wann de wirklich amal ana am Kopf kriagt hätt', war er ja maukas g'wesen. Solche Staner san da hin und her g'flogen. – Na ja, so war's halt ... Weit war's ja net. Entweder sammas eh g'rennt, na da warn ma ja in zehn Minuten obm. Da samma sogar weit auße, nach Hütteldorf auße.

Straßenbahn habt ihr keine benützt?
Josef W.: Was, am Gallitziberg willst mit der Straßenbahn fahrn? Da is' do nie was auffeg'fahrn. Mia ham de Elektrische nur kennt, de is' bei uns obm, und zwar is' des de „Heiligengeistkirchen", die steht ja heut' no, bis durt hin is' g'fahrn, und durt hat's dann reversiert. Die Schienen san no g'legn vor a paar Jahr. Aber da oben in der Herbststraßen, da is' seinerzeit de Pferdestraßenbahn g'fahrn, und mit dera ham sa si no net de steile Panikengassen abez'fahrn traut. Deswegen hat de Tramway da oben bei der Kirchen umdraht, weil ja no die Schienen von der Pferdetramway durt warn. Aber mia ham nia a Straßenbahn braucht, weul ma eh nur im Krätzel unser Unwesen triebn ham. Ins Liebhartstal samma wia g'sagt eh meistens g'rennt, i waaß no, da war am Anfang von der Nasen, so ham mia de Straßen g'nennt, de auf'n Gallitzinberg auffegeht, a Lokal, der „Bockkeller", glei gegenüber vom Friedhof. Für de damalige Zeit fast so was wia a Nobelrestaurant. Musi hat g'spült Sunntag vurmittag. Gegenüber, neman Friedhof, war so mehr a Landgasthaus. Ober'm Friedhof war de Sternwartn von de Kuffner, de was de Ottakringer Brauerei bis ins Achtadreiß'gerjahr g'habt ham.

Die Kuffners haben die Brauerei bis ins Jahr 1938 besessen?
Josef W.: Ja, soviel i waaß, san aber dann alle furt aner mir scheint, soll amal z'ruckkumman sein, auf Besuch. Aber vur'm 38er Jahr ham mia an von de Kuffner immer g'segn, wann er vurbeig'rittn

is' auf seinem Roß. Des Pferd hat er herobn eing'stellt g'habt, auf dem Platz, wo de Wägen g'standen san, da warn de großen Stallungen, da hams a de Brauereipferd eing'stellt g'habt. Na, da san s' halt ausg'rittn, auffe ins Liebhartstal. De ganzen Seitenstraßen warn ja alle ungepflastert. Wann's da wochenlang g'regnt g'habt hat, war des ja a ausg'sprochene Sumpflandschaft. Da hast di ja nur auf'n Trottoir überhaupt weiterbewegn könnan. Is' ja später alles erst pflastert wurdn. Aber die Kuffner warn ja glaub' i, irgendwann amal Bürgermeister, auf jeden Fall ham sa si auf der Ottakringerstraßen a richtiges Palais 'baut. Für den Vorort Ottakring war des Palais ja was wia fürs Kaiserhaus ...

Hat es damals noch Gewerbetreibende wie Schmiede oder Wagner in Ottakring gegeben?
Josef W.: Ja freilich! Wagenschmied ... da war unten a klaner in der Friedrich-Kaiser-Gassen, und dann warn da no a paar so ganz klane Meiereien, in der Eisnergassen steht no so a uralt's Bauernhäusl, die ham ja de großen Hinterhöfe g'habt, da hat ma sich ja glei de Milch von der Kuah g'holt. Da Ecke Brüßlgassen, wo s' jetzt des Haus weg'grissen ham, da ham de so a Ausbaanlerei g'habt, so a, na, wia sagt ma denn ... na de ham so G'schäfta g'macht mit de Baner und de Tierhäute. Na auf jeden Fall war da a Sammelplatz. Kilometerweit hat des g'stunken, des kannst da ja vurstellen. Na und da war dann a so a tiafe Gruabm, wo mir g'spielt ham als Kinder, wo mir rodeln ham können.

Wodurch ist die Grube entstanden?
Josef W.: De war seit jeher. Wann neben so aner Gruabm a Haus baut is' wurn, na war des ja glei unterkellert, da is ja nix erst ausg'hobn wurn. Zuag'schütt san ja de Gruabm nia wurn, sondern daneben und drüber glei baut. Richtig ausplaniert, wia's halt sein hat miaßen, und des warn dann glei die Keller. Da war ja alles no ganz uneben, lauter Löcher in der Gegend, wia auf der Schmelz. A die Straßen warn ja mehr so wia de Dorfstraßen, mit Furchen und un'pflastert. Da oben de Hasnerstraßen, de war lang, lang war des der Reitweg von der Stadt auße. In Wald auße zua, ins Liebhartstal – für die Hotvollee. De Bam de warn a schon von Haus aus, es war eben a aus'gsprochene Reitallee.

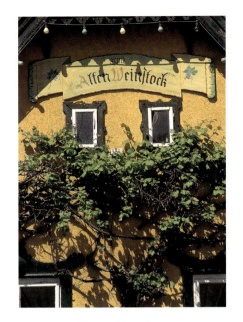

Vorstadtheuriger

Elisabeth-Avenue im Liebhartstal

Wie hat der einfache Bewohner Ottakrings zur Zeit deiner Kindheit so einen Sonntag verbracht?
Josef W.: Na ja, a net viel anders als heut'. An Ausflug ham s' halt a g'macht. Halt net so weit wia heut', a net mit an Fahrzeug, schon gar net mi an eigenen. Ins Liebhartstal san mir halt sehr oft g'angen, wenn's schön war. Meistens hat si halt de Hetz im Hof abg'spielt. Irgend a Musikant hat si bald g'funden – in unsern Haus war glei aner, a Flügelhornbläser – na, und aner von meine Brüader hat ja Mandolin g'spielt. Na, da is' im Hof musiziert wurn. Dann ham mir sogar a Grammophon g'habt, so ans mit an Trichter vurn dran. Jetzt, wann der natürlich g'spült hat, an Walzer, is' glei in Hof, besser g'sagt in der Einfahrt, 'tanzt wurn. Da hamma g'habt in der Einfahrt an Holzboden, und da is' aus Holz so a große, na, so a Wäscherollen g'standen, womit de Frauen eahna Wäsch g'rollt ham. Des war so a Art riesiger Nudelwalker, da is' de Wäsch aufg'rollt wurn, und drüber war a Kasten, der war g'füllt mit Pflasterstana, und der is' so hin und herzogen 'worden.

In die Kirche seit ihr nicht gegangen!?
Josef W.: I kann mi net erinnern ... Mei Mutter vielleicht schon, de war eher bigottisch ... auf jeden Fall hat s' dahamg'habt a anahalb Meter hohes Holzkreuz mit'n Christus drauf ... aber sunst? Auf jeden Fall hat mei Vater net viel von der Kirchen und so was g'halten. Der war mehr a Freidenker ... a Sozialdemokrat. Aner bei uns in Haus, a Malermaster, der hat den ganzen ersten Stock g'habt, und drunter hat er g'habt sei Werkstatt. Der is' scho am Sunntag mit'n scheen G'wand in de Kirchen gangen, aber de andern Parteien, nicht daß ich wüßte ...

Was waren die Leute im Haus so von Beruf?
Josef W.: Da hat's nur zwa Möglichkeiten gebn: Arbeiter oder Arbeitsloser, ans von de zwa. In unsern Haus ham zwa g'wohnt, de ham in der Dreherei g'arbeit. Dann, Straßenbahner warn a, aner war Kriminalbeamter, der war damals scho was! Zwa, de i kennt hab', warn Musiker, aber de warn a arbeitslos. De ham halt so hie und da Gelegenheitsmusik g'macht. Dann war bei uns im Haus no a Greißler, a so a typischer „Greißler". Wann der vergessen hat und er hat des Faßl mit'n Powidl vor de Eingangstür g'stellt, na

dann ham mir eahm des Faßl ganz schön abg'schöpft. Des Powidl war ja früher nur in' Faßl, und alles is' ja händisch eing'wogen wurn. Bei dem is' de Wurscht auf der Pudel nebn an Waschmittel und da Saf g'legn und so weiter, aber dran g'sturbn is' kaner. Mein Gott, diese Greißler ham ja tatsächlich nur existiern können, weil s' ham anschreibn lassen. Schau, a de Hausfrau von der ärmsten Familie: Durch des Anschreibnlassen hat s' ja immer mehr 'kauft, als sie gekauft hätte, wenn s' an Schilling im Sack g'habt hätt'. De Leut ham schon zahlt, wann's Geld kriagt ham, weil sonst hätten ja de Greißler überhaupt net existieren können. So hat des „Aufschreibn" viel dazua beitragen, daß beide Seiten haben existieren können. Es ham sich de meisten halt so durchg'wurschtelt. Man hat das ja nur als „Durchwurschteln" bezeichnen können, weu an reichen Greißler hab' i kan 'kennt. Ma hat's in der Fruah immer g'segn, wia s' mit'n Handwagel selber auf'n Markt g'fahrn san um de War'. Des Wagel ham s' selber mit so Gurten über d' Schulter durch de Gegend 'zogn. Die ham genauso dahinvegetiert wia eahna Kundschaft.

An hamma g'habt in da Gassen, der war a Sauhandler, der hat, wia i mi erinnern kann, ganz klan ang'fangt, a mit'n Handwagerl is' er da g'fahrn. Aber in dem G'schäft muaß de Verdienstspanne a ganz a g'sunde g'wesen sein, weil bald is' er scho mit an Fuhrwerk und im Winter sogar mit an Schlitten g'fahrn, wann er seine „Pagauner" ausg'führt hat. Na und dann ham mir g'sehn, wia er mit an von de ersten riesigen Lastwägen daherkumman is'. Für damalige Begriffe halt riesig, des warn no diese Kettenfahrzeuge – de Ketten san vom Getriebe direkt zu de Radeln gangan. „Büssing" mia scheint ham s' g'haßen, und „Gräf und Stift", des warn die Fahrzeug', de was no ka Differential g'habt ham, Vollgummiradeln natürlich. De Motoren waren unhamlich stark, weil früher hat's ja nur starke Motoren gebn; da hat des Benzin no net des Geld kost, was es heut' kost ... De Leut ham no alle eahnare Autos eing'stellt g'habt, weil früher hat kaner a Auto auf da Gassen stehn lassen, des war zu a kostbares Gut ... wer hat denn scho a Auto g'habt? Bei uns da in der Gassen, in ganz Ottakring, hast überhaupt ka Auto stehn g'sehgn. Über d' Nacht natürlich überhaupt net. Und Verkehr war ja nix no, nur Taxi hat ma g'sehgn, französische Autos, ganz alte Tschesner. Meine Brüader eahna erstes Auto hat g'hassen „Laurel und Klement", des hat no auf de Fenster Vurhangerl g'habt

Und wie war das mit dem schöneren Geschlecht? Mädchen kommen ja in diesen Reminiszenzen gar nicht vor.

Josef W.: Na ja, da warn ja nur de Madeln, von de Häuser vis-à-vis und rundherum halt ... was ma so 'kennt hat, wann s' an Bruader g'habt hat, dann hat's mitgehn dürfen. A Tanzschul' hat's gebn, sogar mehrere. Da war da vurn auf der Neulerchenfelder Straßen ... de is' heute no, da ... Dings, wia haßt er denn nur ... des war a ganz solides Etablissement. Meine Brüader ham durt a Tanzen g'lernt, Walzer tanzen. Walzer hams immer gern tanzt, Walzer und Marsch. Weiter unten war amal a Kino, mir scheint „Zur blauen Flaschen" hat's g'hassen, und aus dem Kino is' dann a Tanzschul' wurn, a gewisser „Thumser", der war eher berüchtigt, da bin i überhaupt net hing'angen ... Und dann ham ja mir net g'lernt ... Mir san ja net in de Tanzschul' 'gangen zum Tanzen lernen. Mir ham ja den an g'habt, der der Professional-Bettler war, der is' dann in a Tanzschul' 'gangen, als Tanzlehrer, er war a großer fescher, schwarzhaariger Bursch, a so a sauberer Typ halt a. Da ham mir sogar z'amg'steuert, daß er si wenigstens an Anzug hat kaufen können, und in der Tanzschul' war er dann Tanzlehrer. Der hat uns allen in der Einfahrt tanzen g'lernt. Ah, der hat guat tanzen können. So hat er si halt a bissel des Geld verdient. G'lernt hat er ja sonst nix. Er war halt, wia ma damals g'sagt hat, a Tschigolo. Mein Gott, er hat halt Bekanntschaften g'macht, a fescher Kerl war er ja, na, und so werdn eahm de Frauen halt a a bissel ausg'holfen ham. Sei Taschengeld hat er so bestimmt g'habt, weil daham hat er ja nix hergebn. Sein Vater is' eing'wandert g'wesen, aus Tschenstochau, wirst es eh kennen, des mit der „Schwarzen Muttergottes". Wia i den des erste Mal g'sehn hab, mit'n schwarzen Gehrock, an Zylinder hat er aufg'habt ... Da war a Madel, und vier Buam, sieben Personen auf an anzigen Raum, an Hofraum. Net daß d' glaubst, a Zimmer, na, da war nur a Tür und des Fenster, und in dem Raum dahinter ham siebn Personen g'haust. Er, mit'n Gehrock und Zylinder, is' in der Früah furt, und auf d' Nacht is' er kumman – na, wo war er denn? – in der Stadt, in de Kaffeehäuser – spielen! Des hat er aber dann eigentlich gar net lang g'macht, sondern hat sich ins Spital g'legt, über zehn Jahr', im „Rothschild-Spital" hat er dann sein Leben verbracht. Sei Tochter hat er a einebracht, nicht als Krankenschwester, sondern in die Küche. Von de Buam der älteste, der is' zur Bahn 'gangen und is' durt Schaffner wurn. Der zweitälteste is' so wia sei Vater a Spieler worn. Der hat dann in de Kaffeehäuser den Arbeitslosen, wann s' so blöd waren, de Arbeitslosn (gemeint ist die Arbeitslosenunterstützung – V. W.) a no abg'numman. Sei Frau hat in ana Metallschleiferei g'arbeit' – kannst dir des vurstelln? Glei da in der Neumayrgassen. Er hat bei ihr und ihren Eltern g'wohnt, in a so an Loch. De Mutter is' gangen hamstern aufs Land. Eier, und manchesmal hat s' a Hendln bracht. De hat a Herz g'habt, des kannst dir net vurstelln. Wann de gangen is' ... am Buckl hat s' in an Rucksack a Kistn g'habt, de war so mit Karton ang'füllt, daß die Eier net hin wern. Links und rechts in der Hand hat s' no je a Taschen tragen und noch zwei Taschen! So is' bei der Tramwayhaltstell' g'standen. De Tramway is' kumman, sie is' eing'stiegn, der Schaffner hat abläuten wolln, daß s' weiterfahr'n – de hat a G'schraa (Geschrei) g'macht: „Se kennan doch da nix wegfahrn, da stehn mei Sachen, mei Sachen!" Der Schaffner hat müaßen aussteign und hat de Sachen eineg'ramt in Wagen. Bein Aussteign desselbe. Sie is' ausg'stiegn, is' g'standen und hat gschrian: „Mei Sachen, mei Sachen!" Der Schaffner hat net wegfahrn können, also hat er müaßen ausladen. Des hat die g'macht bei der Tramway und beim Zug überall. Draußen am Land, der G'scherte, hat s' g'führt mit'n Wagen bis zum Zug. Sie is' da immer außeg'fahren ... Mistelbach und die Gegend. Die Eier hat s' kauft bei die G'scherten um fünf Groschen es Stück, und in Wien hat sie's verkauft um zehn Groschen. So hat s' halt a zum Familieneinkommen beitragn. Weil de Buama ham ja nix daham hergebn.

Wia g'sagt, der ane bei der Bahn, der andere Spieler und der dritte Tschigolo, und den klansten, den Otti, den hab' i daherbracht zum Schwagern, der is' wurn a Installateur. Der war der anzige, der a Handwerk g'lernt hat. In 38er Jahr sans alle weg, nach London. Aner is' nach Italien g'fahrn, von dem hab i sogar a Ansichtskarten kriagt. Aner is' dann nach'n Kriag z'ruckkumman, er hat mi da in Gschäft bei'n Schwager besucht. Aber sunst waas i gar nix mehr von denen allen. Is' halt a Tragik, des ganze. I hab' mi eigentlich immer guat mit denen alle verstanden, a Hetz hamma g'habt, jung war ma halt a.

Und deine Eltern?

Josef W.: Mei Mutter war ja a Wäscherin, und mei Vater war eigentlich Apothekergehilfe. Aber so lang i mein Vater 'kennt hab', war er leidend. Mit'n Magen hat er's g'habt. Er is' ja a viel in de Spitäler g'legn. I kann mi no erinnern, da is' er g'legn im Grinzinger Spital, des war nur so a Barackenspital. Da bin i z'fuaß umetrabt. Eigentlich nur um's Essen, er hat ma immer des Essen aufg'hoben. De andern a, de ham g'wußt : Kummt dei Bua heut' wieder? Hat a jeder was hergebn, und i hab mi ang'schlickt. Ja, da is' ma weit gangen um was z' essen. Na ja, gar so weit war's ja a wieder net. Bin ja da glei ume, Lacknergassen in Siebzehnten, dann über'n Achtzehnten, g'spürst ja gar net als a Junger. Mir san ja z'Fuaß a am Kahlenberg an Ausflug machen gangen, wia ma waaß. Auße, des war immer die Devise, weil in dera Wohnung war's ja gar net ausz'halten. Mir waren ja, muaßt dir vurstellen, zehn Kinder. Fünf Bubn und fünf Madeln.

Und wie viele deiner Geschwister leben heute noch?

Josef W.: Na, nur i und die Lintschi, mei Schwester, mir san übrigbliebn. Die Madeln san alle g'storbn, so mit vierzehn, dreizehn und mit zehn Jahr', und aner von de Buam is' a zeitlich g'sturbn, als Schulbua. Die Madeln san alle an der Lungenkrankheit g'sturbn. Des is' halt alles auf de Umstände z'ruckzuführen g'wesen. Die Wohnung und so. I hab' mei Leben halt immer auf der Gassen verbracht, i hab' ka Krankheit kennt. De Madeln san halt net soviel auf der Gassen g'wesen, na ja ... des war ja a Zeit, des kann si ja heut' kaner vurstelln. Da hat's ja Arbeitslose gebn ... na, und durch des hat ja a kaner a G'schäft g'macht von de G'schäftsleut. Die unwahrscheinlichsten Sachen ham die Leut miaßen tendieren. Da hat's bei uns in der Gassen an Schuaster gebn, Griendlinger hat er g'haßn, der hat Schuach auf Raten gebn, einen Schilling in der Wochen. Der Schuaster hat g'habt a so a „Indian Beiwagnmaschin", da is' er am Samstag immer hausiern g'fahrn, des haßt: kassiern. Ma sollt sowas net glaubn, Raten an Schilling pro Wochen. Und wann er g'habt hat, sagn ma, dreiß'g

———

Leut', den Schilling hat a der Arbeitslose 'zahlt, des war Ehrensache. Des war ja a Zeit, aber an Schilling zu verdienen, des war unmöglich, es war nicht möglich! Wann aner net in an Betrieb g'standen is'. Nix zu machen, wenn da jetzt aner g'laubt hat, er geht da am Bahnhof, Koffer tragen. Ha, der warat von denen durt, von de Dienstmänner, darschlagen wurn! De warn selber froh, wenn s' mit drei, vier Schilling für'n ganzen Tag hamgangen san. I hab' ja dann a Glück g'habt. Mei Mutter hat da a Kundschaft g'habt, der ihr Mann war Betriebsleiter bei Mercedes. Na, und wirklich is' a Lehrlingsposten frei wurn. In an ehemaligen Kuahstall war die Werkstatt, in der Engerthstraßen bei der Reichsbruckn. Da hat's no kane Gruabm gem, da ham müaßen de Autos so hoch aufbockt wern, daß ma drunter kummen is'. In Winter, wann der ganze Dreck, der eing'frurn war, in der warmen Werkstatt aufgangen is', hast den ganzen Gatsch im G'sicht g'habt. Drei Jahr war de Lehrzeit, vier Jahr bin i bliebn, aber dann, wia i achtzehn war, hab' i sofort den Führerschein g'macht und des Dreckg'schäft ang'lahnt lassen. I hab' gnua g'habt von dem Dreck, obwohl's heut' scho wieder anders is' ... Da hamma an Schmied g'habt, ah, des war a grober Hund. Des hab' i ja no alles lernan müaßen. Schmied hab' i a Jahr g'macht, a Jahr Mechanik und Spengler hab' i müaßen lernan. In der Dreherei hab' i a g'arbeit. Spengler war ja mehr nur so a Kühlerspenglerei, kane Blecharbeiten an der Karosserie. Kühler hamma halt viel repariert, des war eh a Hund, de feinen Lamellen, wia a Bienenwaben ... Ah, i bin weg von den G'schäft, i bin Taxi g'fahren. Bis zu mein Unfall bin i mit'n Taxi g'fahren. Da hab' i amal a Fuhr g'habt, zum Franz-Josefs-Bahnhof, fragt mi der Fahrgast, ob i eahm net sei Auto holn will, aus der Steiermark, er hätt's durt wegn aner Panne steh'lassen müaßen. I solltert's ma anschaun, weil der Dorfschmied in den Nest kennt si net aus. Na, abenteuerlustig wia i war, hab' i ja g'sagt. Mi hat des interessiert, und so hab' i an Freund überredt, a a Mechaniker, daß er mitfahrt. Na, san ma abe, bei Zeltweg war des wo, und ham uns de Kraxn ang'schaut. I waaß heut' nimmer ganz genau, was wirklich hin war, auf jeden Fall ham mir a Ersatzteil braucht, und des ham mir uns vom Dorfschmied machen lassen. Dann hamma des Trum ein'baut, es war eh a langwierige G'schicht, zwa Tag hamma umadumdoktert. Aber dann is' der

Kübel wieder g'rennt. De ganze Zeit hat uns der Schmied bei der Arbeit zuag'schaut, und wia mir fertig warn, hat er g'fragt, ob ma net vielleicht bei eahm bleibn wollen, er tätert mit uns glatt a Autoreparaturwerkstatt aufmachen. Mir san tüchtig, hat er g'mant, jung san ma a, des war do a Chance. I hätt's sofurt g'macht, aber der Spezl hat net wollen. Na, san mir wieder nach Wien g'fahrn, aber jetzt mit'n Auto. Dann bin i für den Reisenden no als Schofför g'fahrn, eh mit den Kübel, den ma eahm repariert ham. Des war a Schnorrer! Wann der wo was verkauft hat, hab' i eahm glei die Maß für mein Lohn abnehman müassen, weil der notige Hund hätt' ma später g'sagt, daß er ka Geld mehr hätt'. Na, dann hab' i eh mein Unfall g'habt, da war dann eh alles aus. A Jahr bin i im Spital g'legn, net ganz a Jahr, aber immerhin a ganz schön lange Zeit. Wia i aus'n Spital kummen bin, is' vis-à-vis von mein Geburtshaus, a Stückl nach rechts, a schöns Kabinett freiwurn. Na, des hab' i doch glei geschnappt. Dann hab' i a Zeit umadumpfuscht mit Motorradeln, schwarz halt, was hätt' i denn machen solln? Später hab' i dann bei mein Schwager ang'fangt in Büro bei sein Installateurg'schäft, eh da in Haus, und da hab' i mei Erna kennang'lernt und bin bei ihr einzogn. So hab' i mei Leben verbracht in an Radius von dreihundert Meter. Vom Geburtshaus grad a so a klaner Kreis, bis zu meine jetzt 85 Jahr. Ma solltet's net glauben, wia des Leben an des so vorschreibt und bestimmt. In Ottakring geboren, und in Ottakring werd' i a sterbn. Aber i glaub', des wird net so alltäglich mehr sein, daß aner sei ganzes Leben in an Krätzel verbringt.

Dieser Meinung kann ich mich nur anschließen. Wenn es in Wien ein ähnliches Schicksal geben sollte, kann es nur einem Ottakringer widerfahren sein.

Die Kirche zur Heiligen Familie

So wurde Ottakring

Um über die Anfänge Ottakrings zu schreiben, muß man leider auch zum Hilfsmittel der Spekulation greifen. Da aber unser Bericht nie ganz ernst und wissenschaftlich sein will, möge mir der wohlwollende Leser diesen Kunstgriff verzeihen, um so mehr, als ich bemüht bin, bei meiner Schilderung zumindest nichts Falsches zu schreiben. Wir wollen sehen, ob wir in die von wissenschaftlichen Erkenntnissen (noch) nicht erhellten Zeiten Ur-Ottakrings etwas Licht bringen können.

Wie schon erwähnt, mußten die Römer, wenn sie sich aufmachten, ihre westlich des Wienerwaldes gelegenen Garnisonen zu besuchen, dem Verlauf des Ottakringerbaches folgen, und sie zogen so auch durch das Gebiet des heutigen Ottakring. Für diese Annahme fanden die Archäologen sogar Beweise in Form von Münzen aus den ersten nachchristlichen Jahrhunderten. Schließen wir nun die Augen und stellen wir uns die Gegend westlich der Inneren Stadt zur Zeit der Römer vor:

Da war einmal ein ungebändigter Fluß, der sich aus dem Wienerwald in einer tief eingegrabenen Furche durch weitgehend unbebautes, bewaldetes Land zur Donau bewegte: der Wienfluß. Auf beiden Seiten des Flusses gliederte sich das Gelände, von der Donau südwestwärts gesehen, in drei Terrassenstufen: Auf der untersten Geländestufe lag zwischen der Donau, dem Ottakringerbach und dem Wienfluß das Römerlager. Die nächsthöhere Terrasse, die in unserer Zeit vom Gürtel begrenzt wird, war mit Weilern und Häusergruppen sporadisch bebaut, aus denen sich später die Vorstädte entwickelten. Die dritte Stufe schließlich bis hin zum Beginn des Wienerwaldes wird heute von den Bezirken außerhalb des Gürtels bedeckt. Ansiedlungen, die damals schon bestanden, lagen selbstverständlich an den Wasserläufen, am Wienfluß, am Alserbach, am Krottenbach und so weiter. Wasser war für menschliche Siedlungen immer unabdingbar. Solche Siedlungen hatten sicher nicht mehr als drei bis vier Häuser oder Höfe und waren vom nächsten Ort weit entfernt. Stellen wir uns weiter vor, ein Centurio der X. Legion Gemina Pia Fidelis, die ab dem Jahre 114 n. Chr. in Vindobona stationiert war, erhielte den Auftrag, eine Nachricht, vielleicht einen Befehl, dem Kommandanten des Kastells Comagena (heute Tulln) zu überbringen. Er hätte den Weg durch das Wiental, das den Wienerwald durchschneidet, nehmen können. Dieser Weg aber war – etwa bei Hochwasser – nicht immer gut passierbar. Außerdem bot die zweite sich anbietende Route, wie wir Ottakringfreunde gerne glauben wollen, die weitaus schöneren Eindrücke. Führte der Weg doch entlang des sich zumeist freundlich gebenden Ottakringerbachs die drei erwähnten Terrassenstufen empor dem Wienerwald zu. Bei jeder Rast bot sich dem zurückblickenden Römer ein wunderbarer Ausblick auf die Landschaft im Osten mit dem in der Sonne gleißenden, in unzähligen Armen träg dahinfließenden Donaustrom. Machte nun gar unser Römer an der Stelle des noch nicht Ottakring genannten Ortes Rast und bat einen Bewohner der Siedlung um eine Erfrischung, so ist wohl jedem klar, was der gastfreundliche Vorfahr der Ottakringer dem Centurio zur Erfrischung reichte – erraten, es war sicher ein Krug mit kühlem Wein. Was hält uns noch davon ab, in dem freundlichen Wirt einen direkten Vorfahren des Wiener Heurigen zu sehen?

Aber Spaß beiseite, unser Römer setzte dann seinen Weg fort, umging den Gallitzinberg an seinem südlichen Abhang und eröffnete damit für spätere Zeiten jenen Weg, den wir heute Flötzersteig nennen. Auf dem Geländezwickel zwischen Ottakringerbach und Flötzersteig, dort, wo sich heute der Ottakringer Friedhof befindet, war – und das weiß man bestimmt – die erste Ansiedlung auf dem Gebiet des heutigen Bezirks Ottakring. Hier, auf der Anhöhe über dem Bach, war man vor den Gefahren, die selbst dieser freundliche Geselle zu Zeiten der Schneeschmelze brachte, einigermaßen sicher und hatte zudem den Wald mit seinem Wildbestand in nächster Nähe. Von der herrlichen Aussicht wollen wir gar nicht reden. Sicher war dieser Ort der ideale Platz für eine Wohnstatt.

Wer ist Ottakrings Taufpate?

Über drei Jahrhunderte später, gegen Ende des fünften Jahrhunderts, traf der germanische Söldnerführer Odoaker, ein Skire, im sagenumwobenen Favianis den heiligen Severin. Als Missionar und Kolonisator des Gebietes, das später Österreich heißen sollte, ging Severin in die Geschichte ein. Was Favianis betrifft, so weiß man noch immer nicht mit Bestimmtheit, ob damit Wien oder Mautern gemeint ist. Von Odoaker jedenfalls soll, so glaubte man lange Zeit, der Name *Ottakring* herrühren. Da aber durchaus umstritten ist, daß Favianis auf dem Gebiete Wiens lag und die meisten Wissenschaftler davon überzeugt sind, daß im heutigen Mautern Favianis zu sehen sei, hat die Theorie, nach der Odoaker bei der Begegnung mit Severin Ottakring gründete, nur wenig Überzeugungskraft. Angeblich gab ihm Severin bei diesem Treffen den Segen für seine kriegerischen Vorhaben in Italien. Odoaker hat die Wirksamkeit dieses severinischen Segens offenbar weit überschätzt, denn nach großen Erfolgen sollte ihn in Italien ein unrühmliches Schicksal ereilen. Bei einem Gastmahl wurde er vom Gotenkönig Theoderich dem Großen, wir kennen ihn alle als *Dietrich von Bern*, erschlagen. Die Odoakergasse erinnert die Ottakringer noch heute an diese welthistorisch so bedeutsame Gestalt. Nach dem Niedergang des Römischen Reiches kam die Zeit der Völkerwanderung, eine Epoche, die den Historikern ihre Arbeit nicht gerade leicht macht. Es gibt nämlich kaum schriftliche Aufzeichnungen oder Dokumente, die das Geschehen dieser „dunklen" Jahrhunderte schildern, belegen und dokumentieren könnten. Wen wundert es also, wenn wir über den weltgeschichtlich kaum bedeutenden Weiler, der auf dem uns hier interessierenden Gebiet lag, nichts wissen. Wir wollen deshalb annehmen, und es spricht nichts gegen diese Annahme, daß unser Ort seit der Keltenzeit immer, vielleicht mit kleinen Unterbrechungen, bewohnt war. Das Gebiet rund um den ersten Bezirk war sicher noch immer dicht bewaldet und nur von einzelnen, durch Rodung entstandenen Lichtungen unterbrochen. Man könnte sagen, daß sich der Wienerwald bis zur heutigen Ringstraße erstreckt hat. Erst die Ausweitung der Stadt Wien und die Vergrößerung der Vororte drängte den Wald an seine heutigen Grenzen zurück.

Die abziehenden Römer hinterließen ein Vakuum in bezug auf Zivilisation und Bevölkerung, in das nun germanische und slawische Völker stießen. Dazu kamen die Awaren, die um die Wende vom sechsten zum siebenten Jahrhundert n. Chr. aus dem Karpatenbecken nach Mitteleuropa vordrangen und ihre reiternomadische Kultur auch hier heimisch machten. Alle diese Völker besiedelten gemeinsam unser Gebiet und stellten damit die neue Bevölkerung. Freilich, das feine und zivilisierte Leben der Römer gehörte nun endgültig der Vergangenheit an; die neuen Siedler waren auch nur zum allergeringsten Teil Christen. Die Zivilisation hatte sich weit nach Süden und zum Teil nach Westen zurückgezogen; die Menschen in unserem Raum lebten wohl wieder in einfacheren Verhältnissen, beteten überwiegend zu ihren alten Naturgöttern und bekriegten sich hin und wieder mit einem ihrer Nachbarn. Eine entscheidende Wandlung dieser Situation trat erst ein, als es Kaiser Karl dem Großen in den sogenannten Awarenkriegen Ende des achten Jahrhunderts gelang, die Machtsphäre des Fränkischen Reiches bis in den Wiener Raum auszudehnen. Die östlichen Grenzen seines Reiches lagen bis zu der Zeit in Bayern, mit den Awaren war es immer wieder zu Auseinandersetzungen gekommen. Aus den Reihen der bayrischen Vasallen rekrutierte man dann auch die Männer, die die umkämpften östlichen Gebiete kolonisierten. Eine *Provincia Avarorum* wurde eingerichtet, die später auch als Karolingische Mark bekannt wurde und deren hervorragende Aufgabe der Grenzschutz war. Mit dem Vordringen eines weiteren asiatischen Reitervolks, der Ungarn, ging die Karolingische Mark verloren, erst der Sieg König Ottos I. auf dem Lechfeld im Jahre 955 ermöglichte die neuerliche Errichtung von Marken im Grenzgebiet. Es entstand die Ottonische Mark, die ursprünglich nur das Gebiet des Alpenvorlandes von der Enns bis zur Traisen umfaßte, allmählich wurde die Grenze aber bis zur Leitha vorgeschoben. Als Verwalter und Lehensmann setzte Kaiser Otto II. im Jahre 976 einen fränkischen Adeligen namens Luitpold als Markgrafen ein – als Leopold I. begründete dieser die Herrschaft der Babenberger in Österreich.

Viele, dem niedrigeren Adel angehörende Gefolgsleute der Babenberger wurden in der Folge mit Gründen und Ländereien belehnt und sorgten so für Recht und Ordnung. Unter diesen Gefolgsleuten war auch ein Edelmann namens Ottacher, der mit Gründen auf dem Gebiet Ottakrings bedacht wurde. Von diesem Ottacher leitet sich mit größter Wahrscheinlichkeit der Name des 16. Bezirkes ab. Wenn man weiß, daß die Endung *-ing* in fast allen bairischen Ortsgründungen zu finden ist – man denke an Altötting, Freilassing und Schwabing, an Grinzing, Meidling und Simmering –, gewinnt diese Theorie zur Namensgebung ungemein an Überzeugungskraft.

Der Wohnort des Ottacher wurde der bairischen Gepflogenheit entsprechend *Ottacher-ing* genannt. Von *Ottacher-ing* zu *Ottakring* scheint mir der wortgeschichtliche Weg nicht allzuweit zu sein. Es gibt noch eine dritte These zur Namensgebung, aber die werden wir später erörtern.

Fest steht auf jeden Fall, daß der Name Ottacher im neunten Jahrhundert öfter in unserem Gebiet auf Urkunden erwähnt wird. Wenn man dieser Theorie folgt, so ergibt sich logischerweise auch, daß dieses Gebiet schon vor dem guten Ottacher besiedelt war. Wer würde einem Lehensmann ein Stück Land ohne Felder und Äcker überlassen? Wenn aber Felder und Äcker vorhanden waren, mußte es auch eine Bevölkerung, die dieses Land bestellen konnte, geben. Interessant ist noch die Tatsache, daß es in Bayern am Chiemsee einen Ort mit Namen Otterkring gibt. Sollte das der Heimatort des ersten Grundherrn von Ottakring gewesen sein? Bairische Dokumente weisen auch einen Grafen Otaker aus, der Grundherr am Tegernsee und im Gebiet von St. Pölten gewesen sein soll. Eine der ersten schriftlichen Erwähnungen Ottakrings ist in einer Urkunde zu finden, die aus dem Jahre 1230 stammt und in der festgehalten wird, daß der Propst Chunrad von Klosterneuburg dem Gerung von Otakringe und seiner Frau die Kirchstatt samt der darauf befindlichen Utensilien überträgt. Außerdem kann man aus einer Schenkungsurkunde aus der Mitte des zwölften Jahrhunderts, mit der dem Stift St. Peter in Salzburg einige Weingüter zu „Otachringen" übertragen werden, schließen, daß es Ottakring bestimmt schon vor dem Jahre 1230 gab. Hier können wir auf die dritte These zur Namensgebung zurückgreifen und diese sofort als absurd entlarven: Sie besagt nämlich, daß der Name Ottakring auf den Böhmenkönig Přemysl Ottokar zurückgeht. Nun regierte Ottokar I. zwar von 1198 bis 1230 als König von Böhmen, hatte aber überhaupt noch keine Beziehung zu Österreich und Wien. Diese Beziehungen blieben seinem Nachfolger Přemysl Ottokar II. vorbehalten, der aber erst ab 1251 bzw. ab 1261 (Steiermark) und 1269 (Kärnten) bis zu seinem Tod in der

Zunftzeichen eines Ottakringer Wagners

Schlacht von Dürnkrut und Jedenspeigen 1278 in den österreichischen Landen regieren durfte. Da nun, wie beschrieben, Ottakring schon vor 1251 schriftlich belegt ist, scheidet dieser als Namensgeber für den Bezirk sicherlich aus. Als Bierliebhaber ist dem Autor eine wahrscheinliche Verbindung von bairischen Gründern Ottakrings zum Ottakringer Bier auch viel lieber. So können sich Kreise schließen.

Ottakring im Mittelalter

Mit den Siegen der Heere Karls des Großen setzte auch die bairisch-fränkische Mission östlich der Enns ein. Wie schon berichtet, war die Bevölkerung dieser partes orientales nur mehr zum geringsten Teil christlich. Die Fortschritte in der Bekehrung der „Barbaren" durch die eifrigen Mönche hielten sich in Grenzen, vielfach widersetzte sich vor allem die slawische Bevölkerung an der Donau diesen Bemühungen und wollte von ihren liebgewordenen Göttern nicht gleich lassen, war doch nicht zuletzt mit Annahme der Taufe auch die Leistung eines Zehents an die Kirche verbunden. Allmählich aber, steter Tropfen höhlt den Stein, gelang es doch, die „Barbaren" zu christianisieren. Aus Gewohnheit oder auch aus Gründen des Zweifels, was die Richtigkeit der neuen Religion betraf, baute man die neuen Gotteshäuser an Stellen, die auch bisher religiösen Kulten gewidmet waren – nützt's nichts, so schadet's auch nichts, war hier wohl die Devise. An diesen sogenannten heiligen Bezirken, heute würde man sagen: „Orten der Kraft", ergaben Messungen mit Wünschelruten und besonders empfindlichen elektronischen Geräten tatsächlich besonders starke Strahlungen. Der Wiener Heimatforscher Karl Lukan sowie der katholische Geistliche und Religionsforscher Prof. Dr. Hans Jantsch haben zahlreiche dieser Phänomene in ihren Büchern beschrieben.

Einen „Ort der Kraft" scheint es auch hier in Ottakring gegeben zu haben. Auf dem Gebiet des heutigen Friedhofs existierte einst eine Quelle, die noch bis ins 18. Jahrhundert hinein benützt und *Nußbaum-Brunnstube* genannt wurde. Die erste Kirche, die uns in Ottakring bekannt ist, hieß denn auch *Zu den sieben Nußbäu-*

men (ad septem nuces), erhielt aber später, nachdem sie wohl des öfteren im Gefolge diverser Kriegswirren zerstört worden war, den Namen Sankt Lambert oder Lamprechtskirche. Das Vorhandensein einer Quelle in der Nähe des Gotteshauses ist ein Indiz für eine vorchristliche Kultstätte, denn diese wurden fast ausnahmslos in der Nähe von Quellen eingerichtet.

Das frühmittelalterliche Siedlungsbild Ottakrings wurde durch zwei Begriffe gekennzeichnet: *Ober der Kirchen* und *Unter der Kirchen*, eine Zweiteilung, die man auf Plänen und Urkunden bis ins 19. Jahrhundert feststellen kann. Nahe der Kirche lagen einige Häuser, vielleicht fünf oder sechs, die anderen Wohnstätten Ottakrings lagen aber weiter entfernt, wahrscheinlich in der Nähe der jeweils zu bestellenden Felder. Dabei nützte die Bevölkerung, die schon seit der Römerzeit im Wiener Raum Weinbau betrieb, die hügelige Geländestruktur für die Anlage von Weingärten und drängte so die anderen landwirtschaftlichen Anbauflächen zurück. Der Weinbau und die Produktion des bei den Wienern so beliebten Rebensaftes scheinen ein ziemlich gewinnbringendes Geschäft gewesen zu sein, denn fast alle aus dieser Zeit datierenden Urkunden beschäftigen sich mit dem Verkauf, der Überlassung oder Schenkung von Weingärten und Rieden. So kamen mit der Zeit auch kirchliche Institutionen wie Pfarren, Klöster und Stifte durch Vererbung und Schenkung in den Besitz vieler Ottakringer Gebiete. Den weitaus größten Anteil an Ottakringer Gründen besaß das Stift Klosterneuburg, nachdem es in einer Schenkung von Markgraf Leopold III. reichlich bedacht worden war. Damit gerieten die Einwohner des Ortes mit der Zeit in eine gewisse Abhängigkeit zu den geistlichen Grundherren bzw. deren Pächtern; ihr Ende fand die Grundherrschaft des Stiftes erst im Jahre 1848.

Der im Bereich Ottakringer Straße-Sandleitengasse durch Jahrhunderte bestehende Ottakringer Freihof, der 1770 vom Schottenstift gekauft wurde und daher bis zu seinem Abbruch 1964/65 als *Schottenhof* bekannt war, wurde an sogenannte *Meier* (der weitverbreitete deutsche Name in all seinen Schreibweisen kommt daher) verpachtet. Viele dieser Pächter des Ottakringer Freihofs sind uns durch Flurnamen und Gassen heute noch bekannt. Johann Ambros von Kollburg (Köhlburg), der sich der

Gepflogenheit der Humanisten entsprechend lateinisch *Brassicani* nannte, Ignaz Montfort von Starkenburg, die Familien Starchant, Maroltinger und Würffel sind nur einige der Besitzer bzw. Pächter dieser Liegenschaft. Der Name *Freihof* besagt unter anderem, daß seine Besitzer keinem der lokalen Grundherrn Arbeiten oder Abgaben leisten mußten und direkt dem Landesherrn unterstanden, zudem besaßen sie eine eigene Gerichtsbarkeit. Alle Bewohner und Abhängige mußten sich dem Urteil der eigens für diesen Freihof bestellten Richter fügen. Außerdem besaß der Ottakringer Freihof schon von altersher eine Schankgerechtigkeit, was ungefähr bedeutet, daß der Besitzer des Gutshofes seinen Wein und andere Produkte direkt an die Gäste abgeben durfte. Er war damit der erste Heurige oder, wenn man so will, das erste Wirtshaus auf Ottakringer Boden. Damit wurde eine Tradition begründet, die schließlich darin gipfelte, daß man im 19. Jahrhundert Ottakring bzw. Neulerchenfeld als *des Heiligen Römischen Reiches größtes Wirtshaus* zu bezeichnen pflegte. Jeder Häuserblock dieser beiden Vororte soll damals mehr als fünf Wirtshäuser beherbergt haben.

Ein Weinort im Westen Wiens

Der Beginn der Neuzeit wird allgemein in die zweite Hälfte des 15. Jahrhunderts datiert. Er brachte den Menschen in der Kunst die Meisterwerke der Renaissance und in der Wissenschaft den Humanismus. Der große Einfluß, den diese Geisteshaltung auf die abendländische Geschichte nahm, ist wiederum ohne die Erfindung der Buchdruckerkunst kaum denkbar. Johannes Gensfleisch, genannt *Gutenberg,* sorgte durch seine Erfindung der beweglichen Lettern für eine rationellere, raschere und billigere Methode zur Herstellung von Druckwerken. Bücher, deren Seiten bisher jeweils aus einem Druckstock, der in Spiegelschrift in Holz geschnitzt war, entstanden, konnten jetzt viel billiger hergestellt werden. Eine Flut von Büchern sorgte nun dafür, daß neue Gedanken und Ideen rascher verbreitet wurden als bisher und auch jene Gesellschaftsschichten berührten, die bisher von Bildung beinahe ausgeschlossen gewesen waren. Die Forderungen der von

Martin Luther eingeleiteten Reformation begeisterten die Menschen und stifteten vor allem bei der bäuerlichen Bevölkerung im gesamten deutschen Sprachraum Unruhe. Auf dem Bauerntag von Meran 1525 konstituierte sich erstmals ein Bauernparlament, und in der Folge kam es immer wieder zu Aufständen der Bauern, die nur in blutigen Schlachten und mit grausamen Strafgerichten unterdrückt werden konnten. In dieser Zeit, in der jeder gegen jeden Krieg führte, Lutheraner gegen Katholiken, Bauern gegen Fürsten, Bischöfe gegen Fürsten, und Menschen in vielen denkbaren und undenkbaren Konstellationen einander feindlich gegenüberstanden, blieb unser Dörfchen sicher auch nicht ungeschoren. Der schon erwähnte Besitzer des Ottakringer Freihofes, Johann Ambros Brassicani, seines Zeichens Universitätsprofessor, bekannte sich öffentlich zum Protestantismus, was die katholische Geistlichkeit nicht sehr erfreute und zu so mancher Streitschrift und verdammenden Predigt Anlaß gab. Um aber Brassicani wirklich zu schaden, war er zu angesehen und mächtig. Der Freihof und damit sein Besitzer verfügten über eine eigene Gerichtsbarkeit, was dazu führte, daß sich viele Anhänger der neuen Lehre in den Schutz des Freihofes und seiner Rechtsprechung begaben. Damit waren sie der offiziellen katholischen Gerichtsbarkeit entkommen. In einem Ort, einem Gebiet von vielleicht einem Quadratkilometer gab es zweierlei Recht. Sozusagen ein lutherisches und ein katholisches. Die Nachkommen Brassicanis scheinen aber nicht allzu gefestigt im neuen Glauben gewesen zu sein, denn der Aufschrift eines Grabsteines aus dem Jahre 1593 ist zu entnehmen, daß unter ihm die „ Edle und tugendsame Jungfrau Appolonia Juliane Brassicani von Kollburg, eheliche Tochter des röm.kath. hochedlen Herren J.A. Brassicani ..." liegt. Der für einen guten Österreicher „richtige Glaube" hatte gesiegt und Ottakring blieb katholisch. Andere, nichtreligiöse Ketzer sollten erst drei Jahrhunderte später wieder am Primat der „einzig selig machenden Mutter Kirche" rütteln. Da sollte Ottakring wieder einmal federführend sein, aber das ist eine andere Geschichte. Was am Ende dieser unruhigen Zeiten blieb, war eine gewisse Erleichterung in der Stellung der Bauern den Herrschenden gegenüber. Die Leibeigenschaft wurde nicht mehr ganz so streng gehandhabt, und es gab schon eine Anzahl von freieren Bauern, die statt Fronarbeit zu verrichten nur noch einen Teil ihrer Erträge an die Herren abzugeben hatten. Der Riedname *Pfenninggeld*, an den noch die Pfenninggeldgasse erinnert, rührt wohl aus dieser Zeit her. Er bezeichnete offenbar Grundstücke, für die Zahlungen zu leisten waren. Die Haupteinnahmequelle der Ottakringer war der Weinbau, obwohl Urkunden zu entnehmen ist, daß neben den Bauernhöfen auch Krautgärten und Äcker zu finden waren. Daß auch die Viehzucht eine gewisse Rolle spielte, kann man auch der Erwähnung von Viehweiden in so mancher Urkunde entnehmen. Die relativ gute Verdienstmöglichkeit und die Gewinne, die sich durch den Besitz von Weingärten erzielen ließen, lockten vermögende Wiener sowie geistliche und weltliche Institutionen, in Weingärten zu investieren. So kam nach einiger Zeit ein erklecklicher Teil des Ottakringer Landes in den Besitz nicht ortsansässiger Eigentümer. Das Stift Klosterneuburg, das bald einen Großteil Ottakrings besaß, haben wir bereits erwähnt. Auch das Schottenkloster, das auf eine Gründung der iro-schottischen Missionare zurückgeht, hatte Weinriede in Ottakring, ebenso die Stifte Heiligenkreuz und Lilienfeld. Sogar das weit entfernte Stift Sankt Peter in Salzburg erhielt einige Ottakringer Grundstücke. Die Qualität des gekelterten Weines war zwar sicher kein *Gumpoldskirchner*, Zeitgenossen sprechen von einem eher sauren Wein; vielmehr dürfte es sich um einen ehrlichen, eher reschen Trunk gehandelt haben. Ausgenommen war die Riede *An der Roten Erd* – die Roterdstraße erinnert noch daran –, die einen ganz hervorragenden Wein wachsen ließ. Die übrigen Riednamen, die heute noch durch Plätze und Gassen bekannt sind, waren:

Starchantseigen, südlich vom Liebhartstal,

Liebhart, das heutige Liebhartstal,

Lienfelder, die Gegend der heutigen oberen Wilhelminenstraße,

Amaisbach, in der Gegend der Müllverbrennungsanlage Flötzersteig gegen Breitensee zu,

Großpfenninggelt, ungefähr zwischen der Panikengasse und der Tabakfabrik auf der südlichen Seite der Thaliastraße,

Albrechtsgereuth, im Gebiet nördlich der heutigen Albrechtskreithgasse, und

Erdprust, heute nördlich vom Wilhelminenspital, am Beginn des Liebhartstales gelegen.

Die Namen *Kämpfengern*, *Sandleiten* und *Paniken*, die man zwar aus Urkunden kennt, aber nicht mehr genau lokalisieren kann, leben immer noch in Straßennamen fort.

Heute kann man sich kaum mehr vorstellen, daß im Gebiet von Wien einst überall Wein angebaut wurde; dabei hatte Wien einen Bruchteil seiner heutigen Bevölkerung. Daraus kann man schließen, daß damals ein nicht unbedeutender Weinkonsum zu verzeichnen gewesen sein muß. Selbst wenn man annimmt, daß die Wiener wesentlich mehr Wein als heutzutage tranken, so bleibt doch die Frage, wo der ganze Wein hingekommen ist.

Wie man weiß, gab es im Raum Wiens Weingärten an Plätzen, denen man dies am Ende des 20. Jahrhunderts nie und nimmer zugetraut hätte: Am Spittelberg, auf der Mariahilfer Laimgrube, auf der Landstraße und sogar beim Kärntnertor breiteten sich Weingärten aus. Alte Berichte erzählen dem erstaunten Leser von einem gewissen Wohlstand der Bevölkerung, dessen Grundlage der Weinbau gewesen sein soll. Damit dieser Zustand möglichst lange anhielt, wurden von der Obrigkeit entsprechende Maßnahmen gesetzt. Man trachtete vor allem, den Weinproduzenten jegliche Konkurrenz vom Leibe zu halten. Die Behörde hob Zölle für Weine aus anderen Gegenden zum Schutz der ansässigen Hauer ein, weiters gab es Begünstigungen für die Weinausschank, und man erlaubte die mautfreie Ausfuhr des erzeugten Weines.

Eine Maßnahme, von der berichtet wird, scheint, jedenfalls für Ottakring, äußerst kurios; wenn man die heutige Getränkeproduktion betrachtet, wirkt sie sogar paradox: Die Behörden erließen – die Schreibmaschine weigert sich fast, es niederzutippen – ein *Bierausschankverbot!* Ottakring ohne Bier, das gab es einmal. Gott sei dank sind diese Zeiten vorbei. Heute gibt es in Ottakring kaum mehr Weinbau, während die renommierte Ottakringer Brauerei gedeiht und prosperiert. Man hat den Weinbauern heimgeleuchtet. Lassen Sie es bitte nicht zu, daß ich als deklarierter Bierliebhaber jetzt ins Schwärmen gerate. Wein ist, das gebe ich durchaus zu, auch ein akzeptables Getränk, wenn auch noch nicht so alt wie Bier. Bier brauten schon die alten Sumerer vor 8.000 Jahren. Die Zeit, von der wir aber berichten, ist jedoch noch nicht so lange her.

Es war im siebzehnten Jahrhundert, als die erwähnten Schutzmaßnahmen für die Weinbauern und Weinvertreibenden eingeführt wurden. Nun wäre es aber falsch glauben, es wären damit paradiesische, sozusagen schlaraffische Zustände für passionierte Weinbeißer angebrochen. Der Staat hatte schon damals erkannt, wodurch er seine Untertanen erleichtern konnte. Um die Weinreben nicht in den Himmel wachsen zu lassen, wurden von der fiskalischen Obrigkeit eine Reihe von Abgaben ersonnen. Es war eine derartige Vielzahl von Steuern und Abgaben im Zusammenhang mit dem Wein zu entrichten, daß heutige Gastwirte, die „nur" Getränkesteuer und Alkoholabgabe abzuführen haben, fast zufrieden sein könnten. Bei den folgenden „Geldern" handelt es sich nur um einige der damaligen Abgaben:

Das *Viesiergeld* war eine Zahlung, die sich nach der Größe der Fässer richtete und von eigens dafür eingesetzten *Visierern* nach der Visitierung, also der Begutachtung der vollen Fässer, eingehoben wurde.

Das *Auszuggeld* wurde für jedes durch die sogenannten Faßzieher aus dem Keller geschafftes Faß eingehoben.

Das *Ungeld* war eine frühe Form der Getränkesteuer, die erst 1780 (unter Josef II., dem Sohn Maria Theresias) durch die *Tranksteuer* ersetzt wurde.

Neben diesen Abgaben hatten die Weinhauer noch unter verschiedenen, nicht von der Obrigkeit verursachten Übeln zu leiden. Die immer wieder einfallenden türkischen und anderen nicht gerade christlichen Marodeure, die mordend und sengend über das Land hereinbrachen, ließen mitunter keinen Stein auf dem anderen. Sie vernichteten die Ernten, tranken die Keller leer und zogen bei ihrem Abzug oft noch die Zapfen aus den Fässern, um den darin befindlichen Wein zu vernichten. Unsere braven Ottakringer bauten aber immer wieder alles auf und hofften, daß es für diesmal genug sein würde. In den Jahren nach 1683, also nach der zweiten Türkenbelagerung, gelang es dem naturalisierten Franzosen Prinz Eugen von Savoyen, die Osmanen immer weiter zurückzudrängen; damit nahm er eine große Sorge von den Ottakringern. Wie überall im Kaiserreich machte sich auch in Ottakring große Erleichterung über das Ende der Türkengefahr bemerkbar. Prinz Eugen ließ zudem, um die Vorstadtbevölkerung vor überraschenden Überfällen zu sichern, einen Linienwall ausheben. War die Türkengefahr vorderhand auch gebannt, so blieben die Kuruzzen und die Horden des Stefan Rákóczi eine stete Bedrohung. Dem Linienwall, der eine Höhe von fast vier Metern erreichte, war ein vier Meter breiter und drei Meter tiefer Graben vorgelagert. Zunächst eine bloße Aufschüttung von Erde, wurde der Wall in den folgenden Jahrzehnten durch Ziegel abgestützt.

Eine Zeit des großzügigen Wiederaufbaues begann, die Menschen sahen hoffnungsvoll in die Zukunft. Sorgen hatten die Ottakringer jedoch nach wie vor, wenn sie auch von naturbedingten Phänomenen wie Mißernten, Überschwemmungen oder Schädlingen hervorgerufen wurden; Rebenstecher und verschiedene andere Schadinsekten minderten durch ihre unheilvolle Tätigkeit die Erträge der Winzer. Vorerst kannte man gegen diese Plagen kein Mittel; auf Wallfahrten und Bittprozessionen betete man um gesunde Weinkulturen. Zum Ziel der Wallfahrten wurde Maria Brunn, ein nahegelegener Ort zwischen Hütteldorf und Mauerbach. Die Ottakringer unternahmen diese Wallfahrten so oft, daß es schon beinahe zur Gewohnheit wurde. Manchem Pfarrer wurde das häufige Wallfahren bald zuviel, sodaß er sich weigerte, weitere Prozessionen durchzuführen. So ist uns ein Ersuchen der Ottakringer an ihren Pfarrer überliefert, im Jahre 1674 eine Bittprozession nach Maria Brunn abhalten zu dürfen. Der Herr Pfarrer schlug ihnen den Wunsch mit der Bemerkung ab, es gäbe ohnehin schon zu viele Feiertage und damit zu viel Arbeit für den Pfarrer, der, nebenbei bemerkt, für diese vielen Tätigkeiten nur unzulänglich entlohnt würde. Mit einem Jahressold von knapp hundert Gulden sehe er sich außerstande, noch weitere Leistungen für seine Schäfchen zu erbringen. Auch führten die Ottakringer, wie der Pfarrer meinte, ein alles andere als gottesfürchtiges Leben. Nur in der Not würden sich die „groben, wilden und undankbaren Leute" ihres Glaubens erinnern. Gleichlautendes teilte der Ottakringer Don Camillo auch seiner vorgesetzten Kirchenbehörde mit, um sich dadurch eine Rückendeckung zu verschaffen. Der streitbare Geistliche hatte aber nicht mit der Hartnäckigkeit und Zähigkeit seiner Schäfchen gerechnet. Diese wandten sich nun ebenfalls mit der Bitte um Gewährung der Wallfahrt an das Konsistorium. Gegen den Willen des Pfarrers erlaubte die angerufene Behörde den Ottakringern die Bittprozession, und die schlauen Wallfahrer zogen befriedigt, Litaneien betend und singend, gen Maria Brunn – sehr zum Unbehagen des ausgetricksten Geistlichen.

Dieser heimliche Sieg erfreute die Ottakringer derart, daß sie aus der Wallfahrt, die sie eigentlich als singuläres Ereignis geplant hatten, eine ständige Einrichtung machten. Der sogenannte *Käfertag* (man nannte der Einfachheit halber alle Schädlinge Käfer) wurde in der Folge alljährlich am 2. April mit Fahnen, Musik und großem Pomp zelebriert. Eine Gelegenheit zum Feiern ließen die Barockottakringer nicht aus. Es ist fraglich, ob es bei geringerem Widerstand durch den hochwürdigen Herrn auch zu diesem Feiertag gekommen wäre. Ebenso dürfen Zweifel an der Wirksamkeit der Gebete angemeldet werden; daß sich die Schädlinge in den Weingärten beeindruckt zeigten, wird nicht überliefert. Ein Gutes jedenfalls hatte der Schädlingsbefall: Er verhalf den Ottakringern zu einem Feiertag.

Doch zurück zur Entwicklung Ottakrings nach der zweiten Türkenbelagerung, die leider an unserem Ort nicht spurlos vorübergegangen ist.

Als die überlebenden Ottakringer aus ihren Verstecken im Wienerwald nach Abzug der Türken wieder in ihre Ortschaft zurückkehrten, fanden sie nur mehr Reste vor. Die heidnischen Horden hatten ganze Zerstörungsarbeit geleistet. Sie hatten nicht nur die Häuser des Ortes niedergebrannt, das Vieh geschlachtet und die Keller geleert, sie hatten auch die Lamprechtskirche demoliert. Die fleißigen und gottesfürchtigen Ottakringer bauten die Kirche sogleich wieder auf. An den zerstörten Gehöften, die rings um die Kirche lagen, hatten die Ottakringer jedoch kein Interesse mehr. Neubauten wurden etwas unterhalb, wo sich schon das neue Zentrum Ottakrings etabliert hatte, errichtet. Die Flurschäden wurden beseitigt, und bald war Ottakring sogar schöner als vorher.

Die Regierungen Maria Theresias und ihres Sohnes Joseph II. bewirkten eine weitere günstige Entwicklung Ottakrings. Ein Motto der gewichtigen Landesmutter war „Bauernland dem Bauernstand", und getreu diesem Leitsatz ordnete sie fachgemäße Grundvermessungen an und ließ Gerichte und Behörden installieren, bei denen auch die bis dato Rechtlosen eine Chance auf ihr Recht bekamen. Bisher waren der Landbevölkerung nur wenig Rechte beschieden gewesen, und sie hatte kaum die Möglichkeit gehabt, sich gegen Verbote zu wehren. So war es der männlichen Landbevölkerung etwa verboten, das Haar lang zu tragen, wovon heute noch das Wiener Dialektwort *G'scherter* zeugt. Nur dem städtischen Bürger und Edelmann war eine barocke Lockenpracht gestattet. Waffen zu tragen war dem Landmann genauso verboten wie die Kritik an diesen Zuständen.

Nicht alles davon sollte abgeschafft, aber doch zumindest gemildert werden. Dieses Werk Maria Theresias wurde von Josef II. nicht nur fortgesetzt, sondern fast vollendet. Er schaffte die Leibeigenschaft vollständig ab und regulierte das Steuerwesen. Auch die Herrschaften wurden nun in größerem Maße steuerpflichtig. Er enteignete viele kirchliche Institutionen und verfügte, daß nicht ortsansässige Stifte wie zum Beispiel Sankt Peter in Salzburg ihrer Grundstücke und Güter im Ottakringer Raum verlustig gingen. Dies alles sorgte für ein Aufatmen in der Bevölkerung und brachte es mit sich, daß die Bauern aus ihren Erträgen viel mehr zurückbehalten konnten. Bescheidener Wohlstand war die Folge – ein Vater konnte nun nicht nur seine Familie ernähren, sondern auch etwas auf die hohe Kante legen. Eine lebhafte Bautätigkeit setzte ein, was wiederum viele Handwerker und Gewerbetreibende beschäftigte und für deren Fortkommen sorgte. Der ursprüngliche Platz unserer Ortschaft, der jetzige Friedhof, wurde, wie schon erwähnt, zu Gunsten des Gebietes am Ottakringerbach im heutigen *Alten Ort* aufgegeben. Zu der bisher überwiegend bäuerlichen Bevölkerung gesellten sich jetzt Handwerker, Händler und deren Beschäftigte. Dadurch wurde die Bevölkerungsstruktur vielfältiger und bunter. Aus dieser Zeit datiert das Ottakring, das auch noch heute jedem Wiener ein Begriff ist: ein Weinbauerndorf in der Nähe Wiens.

Neulerchenfeld und Ottakring

Die kriegerischen Auseinandersetzungen mit Napoleon Ende des 18. Jahrhunderts blieben auch für die Ottakringer nicht ohne Folgen. Die Bauern mußten erhöhte Abgaben bezahlen, um den Krieg gegen die Franzosen zu finanzieren. Als Napoleon im Jahre 1809 Wien besetzte, mußten die Ottakringer durch französische Soldaten, die sich bei ihnen einquartiert hatten, einiges erdulden. Die Soldateska gebärdete sich ziemlich ungebührlich und soll, wie berichtet wird, dem Ottakinger Wein alles andere als abgeneigt gewesen sein. Aber auch diese schwere Zeit ging vorüber. Finanziell aber wirkten die vorangegangenen Ereignisse noch länger nach. Der Ort hatte nicht unerhebliche Einbußen erlitten und zehrte lange an den Auswirkungen der Geldknappheit, die durch eine wirtschaftspolitische Maßnahme 1811 noch verschärft wurde. Der sogenannte *Bankozettelsturz* hatte zur Folge, daß der Wert der Papiere nur mehr bei zwanzig Prozent ihres Nominalbetrages lag. Trotz dieser Widrigkeiten wuchs Ottakring rasch; vermutlich hatte der Ort schon damals Lebensqualität.

Wenn man von Ottakring spricht, muß man sich bewußt sein, daß dieser Name eigentlich für zwei ehemalige Orte steht. Östlich von Ottakring hatte sich eine Ansiedlung gebildet. Die Ansiedlung, vor dem Linienwall gelegen, der die Vorstädte Wiens abgrenzte, befand sich jedoch noch auf dem Gemeindegebiet Ottakrings. In frühester Zeit sprach man von *Unter-Ottakrünn*. Da diese Ortsgründung aber genausogut eine Erweiterung der Vorstadt Lerchenfeld sein konnte, wurde sie in der Folge einfach Neulerchenfeld genannt. Der Name Lerchenfeld, der ursprünglich *Lärchenfeld* gelautet haben soll, soll darauf zurückzuführen sein, daß weite Teile der Umgebung Wiens einst von Wäldern bedeckt waren. Ganz unumstritten ist die Herkunft des Namens aber nicht, denn manche Forscher sind der Meinung, der Name leite sich doch von den Lerchen ab. Der Wien-Forscher Gaheis geht davon aus, daß sich auf dem Boden Lerchenfelds einmal eine Lerchenfängerei befand – Singvögel waren damals begehrte Leckerbissen auf hochherrschaftlichen Tafeln, und in Ländern wie Italien und Griechenland gelten sie noch immer als Delikatesse.

Doch zurück zu Neulerchenfeld. Man kann nicht behaupten, daß ausschließlich geschwisterliche Liebe das Verhältnis zwischen Ottakring und Neulerchenfeld bestimmt hätte. Streitigkeiten um Weidegründe, Rivalitäten und Eifersüchteleien kennzeichneten über viele Jahre die Beziehungen der beiden Dörfer zueinander. Genaue Daten über die Gründung oder das Entstehen Neulerchenfelds sind nicht zu eruieren; es wird allgemein angenommen, daß die Siedlung knapp nach der zweiten Türkenbelagerung entstanden ist. Erste Urkunden, in denen der Name erwähnt wird, stammen vom Beginn des 18. Jahrhunderts. Meist handelt es sich – wie auch bei Ottakring – um Kauf-, Schenkungs- und Widmungsverträge. Da um diese Zeit (1704) an der Stelle der Linienwall errichtet wurde, bringen viele Lokalhistoriker die Gründung Neulerchenfelds mit dem Bauwerk in Verbindung. Man kann annehmen, daß viele Ottakringer, die durch die Türken um ihre Wohnstätten gebracht wurden, diese jetzt in größerer Nähe zur Stadt wieder aufbauten. Umgekehrt zogen Bewohner des Gebietes innerhalb des Linienwalls vor diesen, da innerhalb der Befestigung die Möglichkeiten, sich zu entfalten eingeschränkt waren. Das erste Haus, das Grundsteinhaus, soll in der Grundsteingasse gestanden sein.

Anfangs bestand Neulerchenfeld sicher nur aus ein paar einfachen Häusern, die sich die Bauern in der Nähe ihrer Felder und Weingärten errichtet hatten. Der Ottakringerbach stellte das verbindene (nasse) Element zum benachbarten Ort dar. Ein Weg entlang des Baches führte vom alten Ottakring über das *Neue Lerchenfeld* nach Lerchenfeld und verband so Ottakring mit der Wiener Vorstadt. Der Weg, der aus der Stadt hinaus in die Natur führte, wurde bald von Ausflüglern und Spaziergängern frequentiert, die sich vor dem Linienwall im Grünen ergehen wollten. Es gab aber auch schon Häuser, die durstigen Wanderern Verpflegung boten. Die Gegend dürfte ein beliebtes Ausflugsziel gewesen sein, denn die Anzahl der Gastwirtschaften wuchs rasch. Im vermutlich ältesten Haus des Ortes, im bereits erwähnten Grundsteinhaus, etablierte sich ein Lokal, das sich schlicht „Taferne" nannte. Im Jahre 1706 zählte man schon 25 Häuser an dem den Ottakringerbach begleitenden Weg. Eigenartigerweise standen die meisten davon an der linken Seite des Baches, woraus man schließen kann, daß auch der Weg an dieser Seite des Baches verlief.

Wenn man den Verlauf der heutigen Grundsteingasse betrachtet, ist es leicht, sich das damalige Bild des Dörfchens vorzustellen. Der hier plätschernde Bach bot allerhand Federvieh wie Enten und Gänsen ein Biotop, wie man heute sagen würde. Fleißige Hausfrauen und Mägde wuschen an den Ufern des Baches die Wäsche, Kinder plantschten oder ließen Schiffchen aus Rindenstücken schwimmen. Auf dem Dorfanger neben dem Bach befanden sich vielleicht kleine Gärten, sogenannte Pflanzsteige, in denen die Menschen Kräuter und ein wenig Gemüse zogen. Noch immer kann man vor der Schule in der Grundsteingasse den dreieckig geformten Platz sehen, der möglicherweise einmal der Dorfanger war. Sein Ottakringer Pendant ist vor der sogenannten *Zehner Marie* im *Alten Ort* zu sehen.

In den 20er Jahren des 18. Jahrhunderts bestand Neulerchenfeld schon aus annähernd 70 Häusern, die an insgesamt fünf Gassen oder, wenn man will, Straßen, lagen. Da waren drei Gassen in west-östlicher Ausrichtung, die heutige Grundsteingasse, die Neulerchenfelderstraße und die Gaullachergasse. Diese Straßenzüge wurden von zwei Gassen gekreuzt: von der heutigen Brunnengasse, die damals *Erste Zwerchgasse* hieß und von der *Anderten Zwerchgassen*, die wir heute als die Kirchstetterngasse kennen. Die Gasse entlang des Baches hatte damals noch keinen bestimmten Namen, während die parallellaufenden Straßenzüge im Norden *Doppelte Gassen* hießen. Die heutige Neulerchenfelderstraße hieß *Erste doppelte Gassen,* und die spätere Gaullachergasse hieß *Zweite doppelte Gassen.*

Die in diesem Ort lebenden Menschen unterschieden sich von ihren westlichen Nachbarn, den Ottakringern, erheblich. Waren die Bürger Ottakrings zum größten Teil Weinbauern, so fand man unter den Bewohnern Neulerchenfelds viel mehr Handwerker und Gewerbetreibende, Menschen, die allem Neuen weitaus aufgeschlossener gegenüberstanden als die Ottakringer. Diese waren, so wird berichtet, so traditionsverhaftet, daß sie, statt etwa aktiv etwas gegen den Schädlingsbefall an ihren Weingärten zu tun, lieber Wallfahrten und Bittprozessionen abhielten. Solches Verhalten demonstriert gut die Unterschiede in den Mentalitäten zwischen den Ottakringern und den dynamischeren Bewohnern Neulerchenfelds. Viele Familien Ottakrings blickten auf eine Tradition von mehr als hundert Jahren zurück, während der ökonomisch ausgerichtete Blick der Gewerbetreibenden Neulerchenfelds in die Zukunft gerichtet war. Vergangenheit im Sinne der stolzen, verwurzelten Ottakringer Weinbauern hatten diese Leute zumeist keine. Vielleicht lag in den unterschiedlichen Charakteren der Nachbarn die Basis für die Gegensätze, die sich manchmal in regelrechten Feindschaften manifestierten. Im ausgehenden 19. Jahrhundert sollte der Streit zwischen den beiden Gemeinden sogar politische Formen annehmen. Doch davon später.

Der neue Ort entwickelte sich rasch. Wie schon erwähnt, gab es im Jahre 1706 bereits 25 Häuser. Anno 1720 soll es schon mehr als 70 Gebäude in Neulerchenfeld gegeben haben. Das Dorf wuchs derart rasant, daß bereits zwölf Jahre später, im Jahre 1732, mehr als 3.000 Einwohner in 150 Gebäuden wohnten und arbeiteten. Lange Zeit gab es keine Möglichkeit, Gottesdienste im eigenen Ort abzuhalten. Die frommen Neulerchenfelder mußten ihre religiösen Bedürfnisse entweder in der Ottakringer Pfarrkirche oder in den Kirchen innerhalb des Linienwalls stillen. Erst ab dem Jahre 1719 gab es etwas wie ein Gotteshaus. Die Genehmigung einer Gottesdienstordnung durch kirchliche Behörden, die einer „neu erbauten Kapelle in Neulerchenfeld" galt, beweist dies. Wie Heimatforscher meinen, konnte es sich dabei nur um einen kleinen Holzbau handeln, eine Kapelle, die nahe der *Lerchenfelder Linie* im östlichen Ortsgebiet bis zum Jahr 1766 bestand. Diese Kapelle war für einen Ort von 3.000 Einwohnern sicher nicht groß genug. Noch dazu, wenn man bedenkt, daß damals fast jeder Christ sonntags zur Kirche ging, um dort die heilige Messe zu feiern. So wurden die braven Neulerchenfelder beim Erzbischof vorstellig und meldeten submissest den Wunsch an, eine eigene Kirche bauen zu wollen. Die Genehmigung wurde erteilt, und am 1. Juni 1733 wurde der Grundstein für die neue Kirche gelegt. Die feierliche Zeremonie sollte eigentlich durch Prinz Eugen von Savoyen vorgenommen werden, dieser aber war verhindert und ließ sich vertreten. Schon vorher war von der Gemeinde ein Haus angekauft worden, auf dessen Grund man die Kirche zu bauen gedachte. Mit Elan ging man an die Errichtung des Gotteshauses. Durch irgendeinen Vorfall, möglicherweise durch ein barockes Sparpaket, wurde der Elan jedoch gebremst. Der Bau wurde noch während der Errichtung der Grundmauern wegen mangelnder finanzieller Mittel eingestellt. Die noch fehlenden Bauteile wurden provisorisch durch Holzkonstruktionen ersetzt und drei Altäre eingerichtet. Damit stand dem ersten Hochamt, das am 25. März 1734 abgehalten wurde, nichts mehr im Wege. Hochherzige Spender dedizierten nahmhafte Beträge, um die Kirche doch zu vollenden und vervollständigen zu können. Die Regierungsratswitwe Maria Theresia von Kirchstetter tat sich, was Zuwendungen an diese Kirche betraf, besonders hervor. Sie setzte – offenbar hatte sie keine Kinder – die Kirche als Universalerben ein, mit der Auflage, daß das testamentarisch vermachte Kapital nur für den Kirchenbau verwendet werden dürfe. Neulerchenfelder Handwerker wie Tischler und Schlosser stellten ihre Kunstfertigkeit in den Dienst des Kirchenausbaues, und so entstand langsam aber sicher die Neulerchenfelder Kirche. 1757 wurde das Gotteshaus eingeweiht, und im Jahre 1761 wurde Neulerchenfeld zur selbstständigen Pfarre ernannt. Damit hatte sich Neulerchenfeld endlich von der Nachbargemeinde Ottakring abgenabelt.

Die Unabhängigkeit dauerte dann immerhin etwas mehr als 130 Jahre. In dieser Zeit kam es in den Beziehungen zu Ottakring immer wieder zu Spannungen. Oft genug wurde die Obrigkeit angerufen, um Streitereien zu schlichten. Wie groß die Enttäuschung war, wenn die Gegenpartei den Sieg davontrug, kann man sich leicht vorstellen. Ein Beispiel für die Art dieser Auseinandersetzungen soll hier geschildert werden.

Die Neulerchenfelder Bauern mußten in Ermangelung eigener Gemeindegründe ihr Vieh auf die Weiden der Ottakringer treiben, wofür sie den Nachbarn eine Pacht zu entrichten hatten. Die Neulerchenfelder suchten daher nach Möglichkeiten, diese Zahlungen nicht leisten zu müssen. Sie baten daher das Augustinerchorherrenstift Klosterneuburg, das der eigentliche Grundherr beider Gemeinden war, zu veranlassen, die Weidegründe doch dem Gebiet Neulerchenfelds zuzuweisen. Dies war natürlich den Ottakringern, die schon einige Entscheidungen zugunsten Neulerchenfelds hinzunehmen gehabt hatten, absolut nicht recht. Ihrem heftigen Protest wurde schließlich nachgegeben.

Der Malzturm der Brauerei

Rückschläge konnten die Dynamik des neu entstandenen Ortes und seiner Bewohner nicht bremsen. Wie bereits erwähnt, waren die Bewohner Neulerchenfelds im Gegensatz zu den angestammten Ottakringern dem Neuen gegenüber aufgeschlossen und voller Tatendrang. Sie machten sich Erkenntnisse der Wissenschaften zunutze und konnten so die Erträge ihrer Arbeit steigern. Unternehmungsgeist und Fleiß der Neulerchenfelder führten dazu, daß die Gemeinde schon 1785 eine eigene Wasserleitung hatte, während die Ottakringer immer noch das Wasser aus ihren Brunnen schöpfen mußten. Den Verheerungen bei Überschwemmungen des Ottakringerbaches setzten die Neulerchenfelder durch Einwölbung des Gewässers schon 1848 gewisse Grenzen. Auch bei der Einführung und Errichtung sozialer und kommunaler Einrichtungen waren die Neulerchenfelder den Ottakringern fast immer voraus. Eine Kinderbewahranstalt, die 1831 initiiert wurde, ermöglichte es den Frauen und Müttern des Ortes, wenn schon nicht viel, so doch wenigstens einen Teil zum Familieneinkommen beitragen zu können. Als 1891 der erste Pavillon des Wilhelminen-Spitals in Ottakring eröffnet wurde, war das Spital in Neulerchenfeld bereits sechs Jahre alt. Es war das *Stephaniespital*, das sich bis zum Jahr 1927 in der Thaliastraße befand. Danach diente es bis 1971 als Auszahlungsstelle für Arbeitslose. Heute ist in diesem Gebäude eine Musikschule der Stadt Wien untergebracht.

Wie schon erwähnt, hatte Neulerchenfeld eine ganz andere Bevölkerungsstruktur als die Muttergemeinde Ottakring. Neben einer geringen Anzahl von Bauern lebten hier vor allem Handwerker und Gewerbetreibende. Mit dem zunehmenden Umbau der Gesellschaft durch die Industrialisierung änderte sich auch die Bevölkerungsstruktur Neulerchenfelds. Ab dem Biedermeier zählten Bürger, aber auch Angehörige des Proletariats, der Arbeiter und Tagelöhner zu den Neulerchenfeldern. Durch die im Bereich Neulerchenfelds gegründeten Fabriken und Manufakturen entstand ein Bedarf an Arbeitern, die in der Nähe ihrer Arbeitsstätten eine Behausung suchten. Nun waren fast alle Klassen der Gesellschaft in Neulerchenfeld vertreten. Ein 1840 angelegtes Bevölkerungsverzeichnis, das die Grundlage für die Aushebung von Wehrdienstpflichtigen bilden sollte, gibt einen Einblick in die Bevölkerungsstruktur:

       3 Geistliche
       8 Adelige
       8 Beamte und Honoratioren
      19 Gewerbeinhaber, Künstler und Akademiker
   4.771 Einheimische, davon
   2.580 Personen weiblichen Geschlechtes
   1.528 Angehörige von Völkern der Kronländer
         (Tschechen, Kroaten, Bosniaken usw.)
     227 Ausländer

Damit hatte Neulerchenfeld eine Bevölkerungszahl von 5.664 Menschen. Wenn man die Geistlichen, Adeligen, Beamten und Gewerbetreibenden von der Gesamtbevölkerung abzieht, kann man erkennen, daß der allergrößte Teil der Menschen Neulerchenfelds dem untersten Stand, dem Stand der Arbeiter und Tagelöhner, angehört haben mußten.

Die erste größere Manufaktur Neulerchenfelds wurde im Jahre 1814 gegründet; es war die *Moser'sche Pappenfabrik*. Bald darauf entstand eine Kerzenfabrik, und 1827 etablierte sich die *Gewehrfabrik Dojak*. Was aber für Neulerchenfeld bezeichnend werden sollte, waren die vielen kleineren Betriebe mit nur wenigen Gesellen, Arbeitern und Lehrlingen. Tischler, Spengler, Schlosser waren in den Hinterhöfen, den Kellern und Mezzaninräumlichkeiten Neulerchenfelds zu finden. Besonders ein Berufsstand war in Ottakrings Nachbargemeinde sehr stark vetreten. Es waren die Perlmutt-Drechsler und *Knöpferlmacher*. Im Ottakringer Heimatmuseum ist noch ein Exemplar einer Drechseldrehbank zu sehen. Perlmutter war damals ein beliebter Werkstoff, und die Erzeugnisse daraus waren sehr erfolgreiche Exportartikel. Schirmgriffe, Knöpfe und allerlei Ziergegenstände für die feudalen Wohnungen der Gründerzeit fertigte man aus Perlmutter. In Neulerchenfeld soll es um 1900 fast 80 Betriebe gegeben haben, die Perlmuttergegenstände erzeugten. Bei dieser Tätigkeit fiel im Laufe der Zeit so viel Perlmutterschutt, also Abfall an, daß man am Gallitzinberg ganze Baugruben damit auffüllte. So wurde mit Perlmutter ebenes Gelände für die dort entstehenden Villen und Herrschaftshäuser geschaffen.

Die Arbeiter arbeiteten im allgemeinen von sechs Uhr früh bis sieben Uhr abends, selbstverständlich auch am Samstag und sogar am Sonntag. Die Bezahlung war schlecht. Sozialversicherung oder gar Urlaub waren unbekannte Begriffe. Dazu kam, daß die Mieten für eine Wohnung relativ hoch waren. Die Menschen versuchten deshalb, den Wohnraum so rationell wie möglich auszunützen. Eine Zimmer-Küchenwohnung von zirka 30 Quadratmetern beherbergte nicht selten bis zu zehn Personen. Während des Tages wurden die Betten oft noch an *Bettgeher* vermietet. Das waren Personen, die, da sie in der Nacht arbeiteten, bei Tag schliefen. Diese Situation barg, wie man sich vorstellen kann, einiges an sozialem Zündstoff.

Die Spannungen des Vormärz, von Metternichs Polizeistaat mühsam und immer krampfhafter niedergehalten, entluden sich schließlich 1848 im Gewitter der Revolution. Metternich, das Symbol der Unterdrückung und Reaktion, wurde entlassen, neun Monate später dankte Kaiser Ferdinand ab. Sein Nachfolger auf dem Habsburgerthron wurde sein Neffe, der junge, erst 18jährige Franz Joseph.

Die Revolution brachte der Bevölkerung zunächst Rechte und Freiheiten, die in den Jahren von Franz Josephs Neoabsolutismus meist wieder zurückgenommen wurden. Eine Reform, die jedoch Bestand hatte, war die Beseitigung der Grundherrschaft: Die Bewohner der niederösterreichischen Dörfer waren nun nicht mehr der Gerichtsbarkeit der Grundherren unterstellt, sondern konnten ihr Recht bei staatlichen Gerichten finden. Es gab somit keine Dorfrichter mehr, und die Gemeinden konnten auf Grund des 1849 erlassenen *Provisorischen Gemeindegesetzes* darangehen, demokratisch strukturierte Gemeinden zu konstituieren. Am 6. August 1850 war es auch in Ottakring soweit. Es konstituierte sich ein Gemeinderat, der den Gastwirt Georg Eisner zum Bürgermeister wählte. Eisner hatte schon einschlägige Erfahrungen, was Entscheidungen auch kommunaler Natur betraf, denn er hatte bis 1848 das Amt des Dorfrichters innegehabt. Das beschauliche Leben Ottakrings ging nun langsam, aber sicher seinem Ende zu:

Das Amtshaus in neuem Glanz

Die alte Tabakfabrik

Immer mehr Gewerbetreibende, Handwerker und Geschäftsleute zogen in die Gebiete der nun autonomer agierenden Vorstädte, eine Gesellschaftsschicht, die der Gründerzeit später zur Blüte verhelfen sollte.

Der Arbeiterbezirk

Das Gebiet zwischen den ungleichen Schwestern Ottakring und Neulerchenfeld wurde bald durch einen weiteren Ort aufgefüllt, der *Neuottakring* genannt wurde. Damit war so etwas wie ein „Pufferstaat" zwischen den beiden Gemeinden entstanden, was die Reibereien auf ein Minimum reduzierte. Schon 1830 hatte der Müller Heinrich Plank auf dem Gebiet, das man Paniken nannte, Parzellen erworben, auf denen er eine Brauerei errichtete, die 1838 ihren Betrieb aufnahm. Dieser Brauerei war ein Gasthaus mit großem Biergarten und einem Tanzsaal angeschlossen. Plank kaufte noch weitere Gründe dazu, übernahm sich jedoch finanziell und mußte seine Unternehmen verkaufen. Ignaz und Jakob Kuffner, die bereits in Hernals eine Brauerei betrieben, erwarben das Unternehmen und das dazugehörende Areal. Allmählich entstanden um das Gebiet der Brauerei, das bereits eine Größe von einem Hektar erreicht hatte, weitere Betriebe. Die schon 1832 in der Josefstadt gegründete *Metall- und Bronzewarenfabrik Josef Grüllemeyer* siedelte sich in der heutigen Friedrich-Kaiser-Gasse an und expandierte hier zu einem wichtigen Betrieb der Metallbranche. In der Eisnergasse fanden sich ab 1862 zwei Betriebe, nämlich die *Wachskerzenfabrik Apollo* und eine Gewehrfabrik. In der Feßtgasse etablierte sich die *Preßhefefabrik Eduard Roth*, und damit stand die Ottakringer Brauerei im Zentrum der Wirtschaft Ottakrings.

Als 1872 die Gründe südlich der heutigen Thaliastraße vom Ottakringerbach bis zur Schmelz, der späteren Gablenzgasse, von Fünfhaus gekauft wurden, eröffnete sich damit die Möglichkeit weiterer betrieblicher Ansiedlungen. Diese Expansionen brachten es mit sich, daß die beiden Ortschaften, verbunden durch Neuottakring, allmählich zusammenwuchsen. Die – lokalpatriotisch gefestigte – Bevölkerung blieb aber noch lange ihrem direkten Umfeld verbunden. Als es im Jahre 1892 zur Eingemeindung der Vororte kommen sollte, wurden die beiden am Ottakringerbach liegenden Gemeinden zu einem Bezirk zusammengefaßt. Doch nun erhob sich die Frage, wie der neue Wiener Bezirk heißen sollte. *Ottakring* – das war allen Ottakringern klar. Immerhin, argumentierten sie, konnte Ottakring auf eine lange Geschichte zurückblicken und hatte zudem mehr Einwohner als Neulerchenfeld. Die Neulerchenfelder wiederum waren der Meinung, sie hätten das Recht, dem neuen Bezirk ihren Namen zu geben. Sie hätten schon immer modernere Konzepte und neuzeitlichere Auffassungen vertreten; in Neulerchenfeld würde zudem die städtischere Lebensweise praktiziert.

Nach langem Hin und Her gelang es schließlich den Ottakringern, den Streit für sich zu entscheiden. Das Argument, Ottakring wäre die größte niederösterreichische Gemeinde, gab den Ausschlag. Tatsächlich hatte Ottakring zu dieser Zeit mehr als 60.000 Bewohner, während es Neulerchenfeld nur auf annähernd 50.000 Bürger brachte. Neulerchenfeld zeigte sich verschnupft; wie es aber Schnupfen an sich haben, dauern sie nicht ewig, und eines Tages hatten sich die Neulerchenfelder mit der Namensgebung abgefunden. Im Herzen aber blieben sie Neulerchenfelder und vermieden es, sich Ottakringer zu nennen oder als solche bezeichnet zu werden.

Mit der Aufnahme der beiden Vororte in den Gemeindeverband Wiens änderte sich für Ottakring, das nun der 16. Bezirk war, einiges. Statt eines Bürgermeisters gab es jetzt einen Bezirksvorsteher, und statt von Gemeinderäten sprach man nun von Bezirksräten. Hierbei bekamen die Neulerchenfelder die Genugtuung, den bisherigen Bürgermeister Neulerchenfelds, Robert Ulrich, zum ersten Ottakringer Bezirksvorsteher ernannt zu sehen.

Wenn auch viele Bewohner der zusammengelegten Gemeinden Bedenken gegen die Eingemeindung gehabt hatten, erkannte doch der überwiegende Teil der Ottakringer die Vorteile des größeren Verwaltungsbereiches. Immer mehr Betriebe kamen nach Ottakring, Julius Meinl errichtete auf Ottakringer Boden seine Lagerhallen und Lebensmittelfabriken. Die Tabakfabrik bekam nahe der Vorortelinie an der Thaliastraße eine Produktionsstätte. Bekannte Unternehmen wie die Maschinenfabrik *Werner & Pflei-*

derer, die *Erste Wiener Zahnradfabrik* und noch viele andere ließen sich im 16. Bezirk nieder.

Diese Betriebsansiedlungen machten aus Ottakring binnen kürzester Zeit den größten Arbeiterbezirk neben Favoriten. Dies erklärt auch die große Bedeutung, die Ottakring für die Arbeiterbewegung in Österreich bekommen sollte. Wie schon angedeutet, waren die damaligen Arbeitsverhältnisse noch weit von den heutigen Standards entfernt. Aber die Arbeiterschaft hatte durch die Ereignisse des Jahres 1848 erkannt, daß sich durch gemeinsames, geeintes Auftreten gegen die Herrschenden etwas erreichen ließ. Es gab noch keine gesetzlichen Vertreter der Arbeiterschaft, gewerkschaftliche Organisationen entstanden nur zögernd und im Verborgenen. Zusammenkünfte der Arbeiter mußten unter Beisein eines Polizeikommissärs abgehalten werden, der darüber zu wachen hatte, daß keine staatsgefährdenden Reden, Absprachen und Aktionen stattfanden. Um dieser Art der Kontrolle zu entgehen, kam man auf die Idee, Raucherclubs mit pronociert unpolitischen Namen zu gründen. Im gemieteten Extrazimmer eines wohlgesonnenen Wirtes stellte man zum Zeichen der Unschuld einen Pfeifenständer auf und hatte sich damit fürs erste der lästigen Zensur entzogen. Jetzt konnten die Vertrauensmänner der Betriebe ungestört zusammenkommen und frei ihre Vorhaben planen, Gedanken austauschen und diskutieren. Selbstverständlich hatte Ottakring als Bezirk mit dem größtem Anteil an unselbstständig Erwerbstätigen auch seinen „Raucherclub". Dieser befand sich im Gasthaus *Zum weißen Engel* in der späteren Grundsteingasse, die damals noch Gärtnergasse hieß. Allmählich wurde den Mitgliedern der Zusammenkünfte jedoch der Boden zu heiß; getarnten Spitzeln wäre es in der Menge der Gasthausbesucher ein leichtes gewesen, Arbeiterversammlungen auszuspionieren.

Man zog in einen ruhigeren Teil des Bezirkes. Das Lokal war bald gefunden, es befand sich in der abgelegenen Brunnengasse Nr. 12. Der Obmann des Vereines war Franz Schuhmeier, und unter seiner Leitung arbeitete der Verein jetzt ungestört, nicht zuletzt, weil sich inzwischen die Lage für die junge Sozialdemokratie wesentlich verbessert hatte. Arbeiterbildungsvereine hatte man, nachdem sie jahrelang verboten gewesen waren, zugelassen, und

Grabmal Franz Schuhmeiers am Ottakringer Friedhof

die Arbeiter machten damals – im Gegensatz zu heute – regen Gebrauch von dem Bildungsangebot dieser Institutionen. Der *Arbeiterbildungsverein Apollo*, wie sich die Ottakringer Vereinigung nannte, mußte bei ihrer Gründung noch den Passus in seine Statuten aufnehmen, daß sich der Verein weder mit Religion noch mit Politik befassen werde. So bot er seinen Interessenten eine reiche Palette von Kursen, Schulungen und Vorträgen an. Die Arbeiter hatten die Möglichkeit, Kurse über Philosophie, Geschichte oder Rhetorik zu hören, Wissensgebiete, deren Kenntnis dem einfachen Mann von der Straße bisher verschlossen gewesen waren. „Bildung macht frei" lautete ein Motto der Arbeiterbewegung. Die Wirtshausräumlichkeiten, in denen die Veranstaltungen abgehalten wurden, boten dem Ansturm der Bildungshungrigen bald zu wenig Platz, weshalb man daranging, private Räumlichkeiten zu mieten. In der Gaullachergasse 47, wo man diese Räumlichkeiten gefunden hatte, gab es bald darauf Unterricht im Lesen, Schreiben und in Deutsch für Tschechen – inzwischen war Ottakring neben Favoriten der Bezirk mit dem größten Anteil an Tschechen in der Bevölkerung geworden. Es wurde auch eine Bibliothek eingerichtet, die sich regen Zuspruchs erfreute. Franz Schuhmeier hatte bald eine führende Stellung innerhalb der 1889 endgültig geeinten Sozialdemokratie inne. Er administrierte das Parteiorgan *Arbeiterzeitung* mit und gründete eine in Niederösterreich erscheinende Zeitung mit dem Namen *Volkstribüne*. Schuhmeier hielt Vorträge, schrieb Artikel und wurde wegen seiner Gesinnung mehrmals inhaftiert. Bei der ersten Wahl, bei der die Sozialdemokratie zugelassen worden war (1897), unterlag Schuhmeier, der zwar in Ottakring unangefochten an der Spitze lag, der Christlichsozialen Partei – aber nur, weil damals Hernals, Währing und Döbling dem selben Wahlkreis angehörten. Bei der nächsten Wahl im Jahre 1901, in der die Sozialdemokraten einige Mandate einbüßten, gelang Schuhmeier als Abgeordnetem der Sozialdemokratischen Partei der Einzug in den Reichsrat. Damals galt noch ein Wahlrecht, bei dem nur Bürger ab einer bestimmten jährlichen Steuerleistung das Wahlrecht besaßen. Im Jahre 1905 demonstrierte die Wiener Arbeiterschaft, die zum größten Teil vom Wahlrecht ausgeschlossen war, erfolgreich für das allgemeine Wahlrecht. 1907 zog die Sozialdemokratische Partei

Schuhmeier-Denkmal

als zweitstärkste Fraktion mit 89 Abgeordneten ins Parlament ein. Franz Schuhmeier hatte inzwischen in den Wiener Gemeinderat gewechselt, wo das alte Kurienwahlrecht noch bis 1914 bestand. Hier hatten die Sozialdemokraten nur in der vierten Kurie, deren Wahlrecht an keine Steuerleistung gebunden war, die Chance zu einem Erfolg. 43% dieses Wahlkörpers konnte die Sozialdemokratie Wiens damals auf sich vereinigen, und doch unterlag sie in allen Bezirken außer dem 10. und dem 16. Bezirk. In Ottakring siegten die Sozialdemokraten mit Schuhmeier an der Spitze mit 7.932 Stimmen gegen die Christlichsozialen, die es nur auf 5.209 Stimmen brachten. Somit waren zwei Abgeordnete der Sozialdemokratie im Wiener Gemeinderat vertreten: Jakob Reumann für Favoriten und Franz Schuhmeier für Ottakring. Schuhmeier, der ein hochgebildeter und geistreicher Redner war, kam beim Volk sehr gut an und erfreute sich dadurch großer Popularität. Seine Reden im Parlament und im Gemeinderat waren witzig, schlagfertig und doch immer volksverbunden. Selbst die politischen Gegner mußten die Redlichkeit und und Lauterkeit seines Charakters anerkennen. Die Popularität Schuhmeiers sollte nur geringen Schaden nehmen, als bekannt wurde, daß er, der prononcierte Sozialdemokrat, in eine Jugendstilvilla im Cottageviertel des Gallitzinberges übersiedelte.

Am 11. Februar 1913 wurde Franz Schuhmeier das Opfer eines politisch motivierten Attentates. Der Bruder des christlichsozialen Abgeordneten Leopold Kunschak erschoß Schuhmeier, als dieser, von einer Versammlung aus Niederösterreich kommend, am Nordwestbahnhof aus dem Zug stieg. In der Tradition Schuhmeiers und seiner Mitstreiter ist Ottakring bis heute eine Hochburg der Sozialdemokratie geblieben.

Aber auch die Christlichsoziale Partei des erwähnten Leopold Kunschak nahm – das sollte nicht vergessen werden – ihren Anfang in Ottakring. Am 21. September 1892 wurde im *Gasthaus Kaiser* auf der Thaliastraße der Grundstein zum Christlichen Arbeiterbildungsverein gelegt, aus dem dann später die Christlichsoziale Partei werden sollte.

Ottakring war zwar ein Arbeiterbezirk, jedoch einer, der sich auf seine Bourgeoisie stets viel zugute hielt. Es verdankte ihr auch einiges. Angehörige des Bürgertums wie die Bierbrauer Ignaz und

Vorortelinien-Nostalgie

Alt und Neu im Bezirk

Altbaubestand in Ottakring, der „Turm"

Montleart-Kapelle am Wilhelminenberg

Moriz Edle von Kuffner oder Wilhelmine von Montleart, aber auch weniger bekannte Bürger haben sich als Wohltäter Ottakrings verdient gemacht. Ohne Wilhelmine von Montleart gäbe es kein Wilhelminenspital und ohne Ignaz von Kuffner keine Kuffnersche Sternwarte. Kuffner rief daneben noch viele Stiftungen für Arme, Invalide und Studenten ins Leben. Von der Wohltätigkeit der Maria Theresia Kirchstetter berichteten wir bereits. Sie hat durch ihr Testament nicht nur den Kirchenbau der Neulerchenfelder Kirche ermöglicht, sie ist während ihrer Witwenschaft als hochherzige Spenderin für Wohlfahrtszwecke bekannt geworden. Doch wir wollen hier nun den historischen, vielleicht ein wenig trockenen Exkurs unterbrechen und uns den angenehmen Dingen zuwenden, die mit Ottakring in Verbindung stehen. Im nächsten Abschnitt geht es daher um die Kunst und das Vergnügen.

Jubel, Trubel, Heiterkeit

Ottakring war lange Zeit ein vom Wein und vom Weinbau geprägter Ort. Die Produktion von Wein machte es aber erforderlich, potentiellen Kunden einen möglichst angenehmen Zugang zum Produkt zu ermöglichen. Und so erschufen die Winzer den Heurigen. Nun ist es evident, daß das Vergnügen, an einem warmen Sommerabend in einem kiesbestreuten Garten zu sitzen und ein Achterl weiß *zu beißen,* kaum gesteigert werden kann. Und wenn, dann durch das Bewußtsein, daß nicht allein ein Wein sei, sondern auch eine Musi. Und so kam es, daß Ottakring auch auf dem Gebiet der Wiener Volksmusik bis heute eine wichtige Rolle spielt. Der Tradition der mittelalterlichen Bänkelsänger folgend, hatte sich in Wien eine Art von Musikanten etabliert, die zu ihren einfachen Melodien Lieder mit heiterem, vielfach derbem, aber auch satirischem Text sangen. Diese Musikanten waren anfangs noch darauf angewiesen, sich mit ihrer Kunst auf der Straße zu produzieren. Dann dürfte jedoch ein findiger Wirt darauf gekommen sein, daß sich das Geschäft durch den Einsatz von Sängern und Musikanten spürbar belebte. Außerdem konnte man auf diese Weise der Konkurrenz Kundschaft abspenstig machen: Die Spezies der *Wiener Volkssänger* war geboren.

Am Brunnenmarkt

Im Café Ritter

Bauernmarkt am Yppenplatz

Ottakringer Kirtag

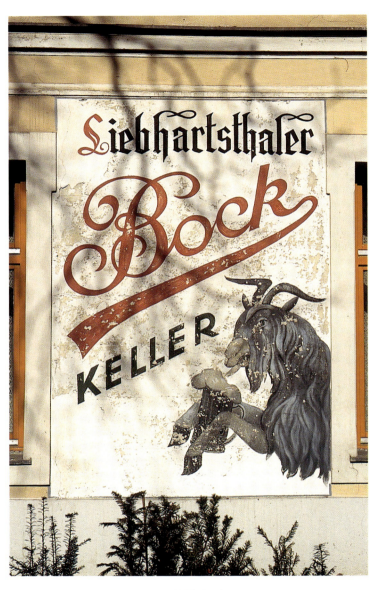

Hier ist das Volkslied zu Hause

Schon gab es für die Harfenisten, Drehorgelspieler und Sänger eine angenehmere Art, sich dem Publikum zu präsentieren: Sie zogen nicht mehr von Hof zu Hof, sondern traten in Lokalen auf. Aus Neulerchenfeld, das schon bald nach seinem Entstehen viele Gaststätten auf seinem Gebiet zählte, wurde ein Dorado für Vortragskünstler dieser Art. Und die Wiener des Biedermeier suchten die Orte vor der Linie gerne auf, um sich in ihnen zu amüsieren. Bald hatte Neulerchenfeld allen anderen Vororten Wiens auf dem Gebiet der Unterhaltung und der Gastronomie den Rang abgelaufen. Ein Wirtshaus nach dem anderen entstand, und bald folgten Gaststätten mit angeschlossenem Ballsaal, die sich „Etablissement" nannten. Dort wurde nicht nur gesungen und vorgetragen, es gab natürlich auch Tanzveranstaltungen, kurz: Es entwickelte sich eine florierende Vergnügungsindustrie. Hier, in Neulerchenfeld, war alles zu hören und zu sehen, was in Wien damals Rang und Namen hatte. Johann Strauss Vater und Sohn, Lanner und die Schrammel-Brüder konzertierten in den Etablissements vor der Lerchenfelder Linie. Die noch heute bekannten Originale wie die Fiaker-Milli, Edmund Guschelbauer und Luise Montag traten in Neulerchenfeld, vom Publikum umjubelt, auf. Viele Dichter und andere Künstler kamen hierher und ließen sich hier unter den einfachen, manchmal auch derben Menschen der Vorstadt nieder. Hier konnten sie sich bestens unterhalten und den Wein wie das Essen genießen. Franz Schubert mit seinen Freunden war ein häufiger Gast in den Lokalen Neulerchenfelds. In seiner Begleitung konnte man auch den Dichter Ferdinand Sauter finden, der zu Neulerchenfeld und seinen Gaststätten ein besonderes Verhältnis bekommen sollte. Der geniale Dichter, der aber kein sehr gefestigter Charakter war, verfiel den Verlockungen des vergnüglichen Neulerchenfeld. Sauter, der eigentlich aus Salzburg stammte, konnte trotz Förderung prominenter Zeitgenossen beruflich nie richtig Fuß fassen. Er ließ sich treiben und war in den Weinschenken und Gaststätten ein manchmal gern gesehener, vielfach aber auch verspotteter Gast, der für ein Viertel Wein jedem, der es verlangte, ein Gedicht machte. Unter diesen Gelegenheitsdichtungen waren viele von hoher Qualität. Menschen, die den künstlerischen Stellenwert Sauters nie und nimmer erkannten, ließen sich unter Gegröhle im Wein- und Bierdunst von ihm Verse schreiben. Die Cholera machte dem traurigen Leben dieses verschlampten Genies ein frühes Ende, und Sauter wurde am Hernalser Friedhof nahe seiner zweifelhaften Wirkungsstätten begraben. Ein Schicksal unter vielen, nur deshalb der Nachwelt überliefert, weil Sauter eben ein Dichter war, dessen Verse ihn unsterblich machten. Nicht gerade sein bestes, sicher aber sein ehrlichstes Gedicht, getragen von Selbstkritik, Selbstmitleid und Ironie, soll hier zu lesen sein.

> Immer lustig lebt der Sauter,
> Treu ist sein Gemüt und lauter,
> Tausend Hirngespinste baut er
> Und sich selber nicht vertraut er.
> Wie ein Vogel Strauss verdaut er,
> Wenn oft Selchfleisch ißt, mit Kraut er.
> Schöne Mädchen gerne schaut er,
> Wie ein Kater dann miaut er,
> Leider aber schon ergraut er,
> Immer mehr und mehr versaut er.

Daß in einem solchen Gegend der Unterhaltung und des Vergnügens nicht alles so war, wie es prüde Spießbürger gern gesehen hätten, kann man sich denken. Mancher sauertöpfische Hagestolz und so manche bigotte Jungfer sahen in Neulerchenfeld und seinen an die hundert Wirtshäusern nichts anderes als einen Sündenpfuhl, ein modernes „Sodom und Gomorrha".
Daran hat sich, besonders was den an Ottakring grenzenden Gürtel betrifft, bis heute wenig geändert. Es gibt zwar heute fast keine Wirtshäuser mehr, aber Animierlokale und Bordelle existieren nach wie vor. Warum soll man die Augen vor den – fast nackten – Tatsachen verschließen, die nach Einbruch der Dunkelheit unübersehbar sowohl auf der Thaliastraße als auch am Gürtel promenieren? Wie in jeder Großstadt gibt es offenbar ein Bedürfnis nach den Dienstleistungen des ältesten Gewerbes der Welt, und Bedürfnisse müssen gestillt werden.

IN DIESEM HAUSE
WOHNTE DER DICHTER
JOSEF WEINHEBER
IN DEN JAHREN
1910 – 1927

GEWIDMET VON DER
JOSEF WEINHEBER – GESELLSCHAFT

134
Hasnerstraße

Wohnhaus Josef Weinhebers

Nun wollen wir aber fortfahren, die Kulturgeschichte Ottakrings und Neulerchenfelds im ausgehenden 19. und beginnenden 20. Jahrhundert zu erzählen.

Die Vergnügungen, die in Neulerchenfeld geboten wurden, waren zumeist recht trivial; so konnte es nicht ausbleiben, daß auch Unterhaltungsstätten mit höherem Anspruch entstanden. Das markanteste Beispiel dafür wurde das Thaliatheater, das der heutigen Hauptstraße Ottakrings seinen Namen geben sollte.

Der Direktor des *Theaters in der Josefstadt*, Johann Hoffmann, der eigentlich als Opernsänger seine Karriere begonnen hatte, war ein unternehmungslustiger Mensch und hatte die Idee, ein größeres Theater vor den Linien errichten zu lassen. Neulerchenfeld, das ohnehin als Mekka des Vergnügens bekannt war, schien ihm dafür besonders geeignet zu sein. Er kaufte ein Areal, das allerdings damals noch zu Fünfhaus gehörte. Neulerchenfeld erwarb dieses Gebiet etwas später.

Hoffmann ließ auf diesem Areal einen Theaterbau entstehen, der schon bei seiner Errichtung einen Rekord aufstellte. Innerhalb von sechs Wochen stand das von dem Architekten Ferdinand Fellner geplante Gebäude. Für die so sensationslüsternen wie spektakelfreudigen Wiener war das Grund genug, in Scharen zu dem neuen Musentempel auf der grünen Wiese zu strömen. Das Theater, das nach der griechischen Muse der Komödie benannt worden war, hatte für damalige Verhältnisse enorme Ausmaße und war mit den neuesten technischen Einrichtungen und Ausstattungen versehen. Insgesamt bot das Haus fast 3.000 Zuschauern Platz. Die Eröffnungsvorstellung fand am 15. August 1856 statt und wurde von den Wienern mit großem Beifall aufgenommen. In der ersten Zeit hatte das Haus mit anspruchlosen Possen und humoristischen Stücken des Hausdichters Haffner einigen Erfolg.

Hoffmann hatte jedoch Ambitionen; er wollte seine Bühne nicht nur dem anspruchslosen Genre überlassen. So ließ er ein Werk des damals höchst modernen und verfemten Komponisten Richard Wagner aufführen. Die Wahl fiel auf *Tannhäuser*. Die Oper hätte zwar an der Dresdener Oper uraufgeführt werden sollen, wurde aber wegen der subversiven Aktivitäten Wagners zurückgezogen. Somit kam Ottakring zur Ehre, dem Wiener Publikum zum ersten Mal ein Werk Richard Wagners präsentiert zu haben.

Der Erfolg dürfte aber kein durchschlagender gewesen sein, denn das Werk konnte sich nicht lange auf dem Spielplan halten. Hoffmann kehrte nach diesem Exkurs in die Gefilde der anspruchsvollen Kunst doch wieder zu den bewährten Possen und Lustspielen zurück – und hatte weiter Erfolg. Nachdem er 1865 verstorben war, übernahm ein offenbar weniger profilierter Mann das Theater und wirtschaftete es in der Folge zugrunde. Bald konnte der Prinzipal, Valentini war sein Name, keine Gagen mehr bezahlen und wurde von den Behörden deshalb genötigt, das Theater zu schließen. Der Neulerchenfelder Zimmermann Reinhard erwarb das aus Holz erbaute Gebäude und ließ es des Baumaterials wegen, das er beruflich brauchen konnte, abreißen. Somit gibt es heute außer dem zeitweise im Albert-Sever-Saal gastierenden *Volkstheater in den Außenbezirken* und dem letzten Wiener Stegreiftheater, vormals *Tschauner*, kein Theater mehr.

Dem Begriff Stegreiftheater, der für Wien und besonders für Ottakring nicht ohne Bedeutung war, möchte ich doch noch einige Zeilen widmen. Dem Bedürfnis des Wieners nach Unterhaltung hatte schon Maria Theresia mit den Worten „Spectacel müssen sein" Achtung gezollt. Typisch für das alte Wien war die Institution des Pawlatschentheaters. Meistens bestand ein solches Theater aus einer Gruppe mehr oder weniger begabter Schauspieler, die auf rasch zusammengebauten Holzkonstruktionen, den *Pawlatschen*, ihr Publikum auf Straßen und Plätzen Wiens unterhielten. Zumeist wurden derbe Komödien oder melodramatische Rührstücke und „ergreifende Räubertragödien" gespielt. Oft gab es für diese Stücke keine fixen Texte, und so begleiteten die Akteure die festgelegte Handlung mit eigenen Worten, spielten also aus dem Stegreif. Daher auch der Begriff *Stegreiftheater*. Den letzten Repräsentanten dieser Theaterform verkörpert der Tschauner, ein Unternehmen, das lange Jahre von dem Ottakringer Original Karoline Tschauner-Janousek geleitet wurde. Sie hat „ihre" Bühne, nachdem sie sich gesundheitsbedingt zurückziehen mußte, dem Wiener Volksbildungswerk überlassen.

Karoline Tschauner hatte den Enkels des Gründers der Bühne geheiratet, und als ihr Mann starb, führte sie das Unternehmen mit sicherer und resoluter Hand weiter. Das war nicht immer leicht, denn das Theater wurde auf den Plätzen, wo es wirkte, nur geduld-

Stegreiftheater in Aktion

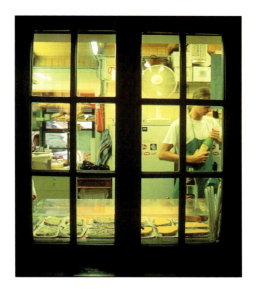

Tschauners Pausenjause wird vorbereitet

Der jetzt gedeckte Tschauner-Zuschauerraum

det. So mußte der Tschauner, der eigentlich in der Brigittenau gegründet worden war und erst nach dem Ersten Weltkrieg nach Ottakring kam, öfter umsiedeln. Oft genug stand mit dem Verlust des Standplatzes auch die Existenz der Bühne auf dem Spiel. Karoline Tschauner, dieses echte Wiener Volkskind, schaffte es aber immer wieder, den Betrieb doch am Laufen zu halten. So spielte man nacheinander in der Kendlerstraße, dann in der Ganglbauergasse und auf dem Platz, der auch heute noch der Standort des Tschauner ist.

Das, was die ambitionierten Mimen des Stegreiftheaters bieten, ist keine Hochkultur, wahrscheinlich ist es nicht einmal die große Kunst. Kultur ist es allemal. Es ist, da sich die Schauspieler ihres eigenen Textes bedienen, eine Art kreativen Theaters. Und sicher handelt es sich um ein Stück lebendiger Volkskunst, um lebendiges Volkstheater, um echte, nicht von des Gedankens Blässe angekränkelte Elitetheaterkunst. Ich schäme mich nicht zuzugeben, mich bei den durchaus routiniert spielenden Volkskomödianten mehrmals im Jahr köstlich zu amüsieren. Meine Stellung zum Tschauner mögen Sie dem folgenden Gedicht entnehmen, das nicht zuletzt meiner Zuneigung für diese Institution entsprungen ist.

Damals beim Tschauner

Heut' is a Abend, lau und scheen,
Da könnte man zum Tschauner gehn.
Dort hab ich g'sehn das letzte Mal:
„Das Freudenhaus vom Liebhartstal".
Heut spielt man auf der Stegreifbühne
Des Stückl „Hadubrandt – der Kühne".
Des muaß, es leuchtet jedem ein,
A bluadigs Ritterstückl sein.

In aner Reihe, aner langen,
Steht vur'm Türl a Warteschlangen.
Den echten Tschaunerabonnent
erkennst am Sackerl in die Händ'.
Drin ham die echten Tschaunermaxln,
A Deckn drin für ihre Haxeln.
Die Decken können später nützen,
Als Polster auf den harten Sitzen.

Es dauert bis der Hadubrandt,
Sich präsentiert vom Bühnenrand.
Da kann ma g'müatlich unterdessen,
No a kalte Knackwurst essen
Und mit an Vierterl, einem reschen,
Kann ma a sein' Durst no löschen.
Weil erst wieder in der Pause
Is zu kriagn die Tschaunerjause.

Da kumman von der Bühnenlänge
furchtbar falsch Pianoklänge.
So falsch, ich hätt's fast net erkannt:
„'s steht ein Soldat am Wolgastrand".
Eine Hand, gequält von Gicht,
Trifft oft die rechtn Tastn nicht.
So ist es halt nicht zu vermeiden,
Daß wir an ihrer Gicht mitleiden.

Salettl der Tschauner-Pianistin

Die Wirkung, die man so erzielt,
Wenn ma mit solcher Inbrunst spielt,
Kann aner sicher erst ermessen,
Der schon beim Tschauner is gesessen.
Man denkt an Gift, sogar an Mord,
So gräßlich klingt oft ein Akkord.
Man setzt sich nieder, ruckt sich z'recht
Und hofft, daß des bald aufhörn möcht'.

Auf an Wink vom Platzanweiser
Wird des Geklimper plötzlich leiser.
Da zuckt schon der Vurhang und geht an Spalt auf,
Die Musik, die verstummt, Sekunden glei d'rauf.
Es verbeugt sich a Mann und tuat ganz galant
Und redt zu uns abe, als wär es charmant:
„Verehrteste Damen, geschätzteste Herrn!
Sie wissen, wir spielen für Sie immer gern.

Doch wenn ein Gewitter sollt kommen ganz plötzlich,
So ist das für niemanden hier sehr ergötzlich.
Und verhindert das Wetter ein weiteres Handeln,
Dann werden den Eintritt zurück wir euch brandeln.
Doch nur wenn der Regen, Sie werden's verstehen,
Noch vor dem zweiten Akt tut geschehn.
Denn hat dann der zweite Akt erst begonnen,
Dann ist euer Eintrittsgeld leider zerronnen!"

Dann tut er sich rasch von der Bühne begeben,
Und gleich drauf sieht man den Vorhang sich heben.
Da steht schon ein Ritter, daneben sei' Frau,
Sie streiten, warum weiß keiner genau.
Und eh' man das alles richtig erkennt,
Kommt schon mit an Messer der Möader ang'rennt.
Die Ritterin setzt sich dramatisch in Szene,
D'rauf röchelt das Opfer grausliche Töne.

Dann tut, derweil es verröchelt sei' Leben,
Das Opfer den Blick zum Himmel erheben.

Denn der hat sich, während das Publikum munkelt,
Schön langsam, doch sicher mit Wolken verdunkelt.
Der Mörder wird g'fangt, sie sperrn eahm in Keller
(I waas net, mir scheint, die spieln immer schneller).
Bevor man versteht die Spielhudelei,
Da is a der erste Akt schon vorbei.

Jetzt leucht's mir a ein, glatt auf der Stell',
Die spieln weg'nan Wetter auf einmal so schnell.
I schau' grad besorgt no zum Himmel hinauf,
Da geht schon der Vurhang zum zweiten Akt auf.
Dem Möader, dem wird der Kopf abeg'hackt,
Und dann in bluatiges Tüachel verpackt.
Der Ritter wird mit dem Pfarrer betrogen.
Inzwischen ham sich die Wolken verzogen.

Des merken die Spieler und ham wieder Zeit,
Man siagt, jetzt spielen sie wieder mit Freid'.
Dann wird g'hasst und geliebt auf der Bühne.
Der Mörder erscheint als Geist jetzt zur Sühne,
Erschreckt alle Ritter, wenn s' sitzen beim Schmaus.
Und nach einer Weil' is der zweite Akt aus.

Die Pause benütz' ich für a menschliche Regung.
Zum Buffet hin, da sieht man a Massenbewegung.
Während alles genießt die Knacker, den Wein,
Da trübt sich der Himmel bereits wieder ein.
Und wie ich zurückkomm', vom heimlichen Orte,
Da öffnet der Himmel grad seine Pforte.

Schnell raff' i vom Bankerl mei Decken noch z'samm,
Denk: Nix wie furt und am schnellsten Weg ham.
Dersteß' mich beinah' noch, vorn bei der Kassa.
Grad war ich noch trocken, jetzt bin ich schon nasser.
Ich renn' und ich stolper', was soll ich euch sagen,
Das Wasser, des rinnt bis zum Steiß, durch den Kragen.
Hinein bei der Haustür, die Treppen hinauf,
Zum Teufel, jetzt geht doch des Türl net auf.

Da endlich, ich stürze hinein in mein Bad,
Erwisch ein sauberes Handtüachel grad.
Und wia i so sitz als a Trock'ner zu Haus,
Da frag ich, wie geht denn des Stückl nur aus.

Die Umstände, wie ich sie in meinem Gedicht geschildert habe,
galten jedoch nur für die Ära der Direktion Tschauner-Janousek.
Das Wiener Volksbildungswerk, das seither die Tradition des Stegreiftheaters fortführt, ließ nach der Übernahme ein verschiebba-
res Dach über den Zuschauerbänken installieren. Nun können Vor-
stellungen auch bei schlechtem Wetter stattfinden. Wenn auch
dadurch dem Theater viel an exogener Spannung genommen wurde, ist ein Besuch beim Tschauner jedem Wiener anzuraten. Für
Ottakringer ist ein Tschaunerbesuch zumindest einmal im Jahr
ohnehin obligatorisch. Soviel zum Tschauner, über den zu schreiben mir ein Anliegen war.
Neben dem Thaliatheater existierten vor der Linie noch eine Menge anderer Belustigungsmöglichkeiten. Stets erhoben sich ein
oder mehrere Zirkuszelte auf den Wiesen und den anderen freien
Plätzen. Schießbuden, Schaukeln und andere Attraktionen boten
den amüsierwilligen Wienern genug Gelegenheit zu ausgelasse-
nem Treiben. Wären nicht die vielen Fabriken gewesen, wer weiß
– vielleicht hätte aus dem Gebiet des heutigen Lerchenfelder Gürtels ein zweiter Wurstelprater werden können.
Nach dem Ersten Weltkrieg und den darauffolgenden Krisenzei-
ten konnten sich die in Ottakring befindlichen Gasthäuser, Etablissements und Ballsäle nicht mehr so richtig behaupten. Da hielt
ein neues, attraktives Medium Einzug, das rasch populär wurde:
der Film. Lichtspieltheater zogen in die Häuser der ganzen Linie
und sorgten dort für die Unterhaltung, die in den Amüsierstätten
Neulerchenfelds nicht mehr aufkommen wollte. Aber auch dieses Kapitel ist mittlerweile Geschichte. Gab es einst auf dem
Gebiet Ottakrings mehr als zehn Kinos, findet man heute nur mehr
ein einziges im Bezirk. Wer weiß schon, daß das große Sportge-
schäft auf der Thaliastraße einmal das *Odeon-Kino* war, daß der
Lebensmitteldiskonter am Brunnenmarkt einst *Kino Alt Wien*
hieß, und daß so manche Bank die Räumlichkeiten eines Kino-
saales ausfüllt? Hat man heute via Telekabel oder Satellit ein täg-

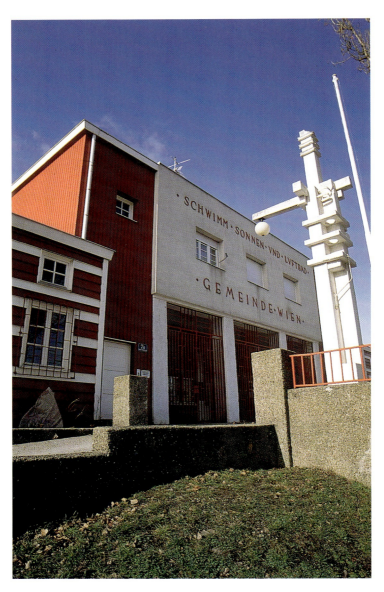

Das KONGE *genannte Kongreßbad*

liches Angebot von vielleicht 20 Fernsehfilmen, so konnte der Ottakringer bis in die Mitte der 60er Jahre zwischen elf verschiedenen Filmen wählen. Denn so viele Kinos gab es im Bezirk, wenn ich mich richtig erinnere.

Im Umkreis von wenigen hundert Metern jedes Wohnhauses gab es praktisch ein Kino. Alphabetisch angeführt waren dies: das *Kino Alt Wien*, das *Arneth Kino*, das *Lux*, das *Odeon*, das *Rosegger*, das *Sandleiten*, das *Savoy*, das *Thalia*, das *Trianon*, der *Weltspiegel* und dann noch das im Kapitel „Ich geh' aus mein Bezirk net furt" erwähnte *Zentral-Kino*.

Elegie an das Kino ums Eck

Kannst dich noch erinnern, an die fuffziger Jahr',
Wo a Kinobesuch ein Ereignis no war.
Mit ganze drei Schilling in meiner Taschen
Hab' i kauft mir die Karten und drei *Stollwerck* zum Naschen

Damals hat halt nicht alles so englisch geklungen,
Rudolf Schock hat statt *Love*, von *Liebe* gesungen.
Willy Birgel is g'ritten noch vor dem John Wayne,
Und statt an *Shocker* hat man Heimatfilm g'sehn.

Willy Fritsch, der war fesch, Willy Forst elegant,
Gunther Phillipp, der war als Blödler bekannt.
Grete Weiser, die „Schnauze aus dem kessen Berlin",
Hannerl Matz dafür war das Mäderl aus Wien.

Hans Albers, der Held in zahlreichen Dramen,
War der Schwarm sowohl junger als auch reif'rer Damen.
Hans Moser, der Grantler – wie liebte man ihn,
Mit 'n Hörbiger Paul, als Dienstmann in Wien.

Oskar Sima hat jeden an „Trottel" genannt,
Theo Lingen war wieder als Diener bekannt.
Franz Antel hat damals, was man heut kaum versteht,
Nur Filme um Kaiser Franz Joseph gedreht.

Viel später hat er den *Sex* erst entdeckt,
Dem Publikum hat ja die leichte Kost g'schmeckt.
Damals hat kaner braucht einen „tief'ren Gehalt",
Man hat nur wolln, daß ein Fim vielen g'fallt.

Beim Jugendverbot is' mir oft grauslich g'angen,
Weil i hab' nie gehört zu den Großen und Langen.
Dadurch hab' ich immer, zu meinem Bedauern,
viel jünger gewirkt, als die Größ'ren und Schlauern.

D'rum hab' ich oft mit listigen Schlichen,
Das Manko der Größe mit an Huat ausgeglichen.
Mit dem Huat tiaf im G'sicht und markigem Gehen,
Hab i g'laubt, jetzt müaßert i älter aussehen.

War der Kartenabreißer gut überwunden,
Dann war ma erwachsen, für zirka zwaa Stunden.
Die meistens ohne Erotik verliefen,
Drum hab' ich das „Jugendverbot" niemals begriffen.

Erotik im Kino, hat's schon auch gegeben,
Doch nicht auf der Leinwand, im Hollywoodleben.
Was an Erotik damals im Kino geschah,
Das sah man nicht auf der Leinwand, ganz nah.

In den hintersten Reihen, dort hat ma schlecht g'sehn,
Ist sicher sehr häufig Erotik geschehn.
Das ist zu verstehen, an jeden is' klar,
Weil's Kino billiger als a Hotelzimmer war.

Der philharmonische
Straßenkehrer und andere Ottakringer
Don Alfredo

Zu den Institutionen, die besonders für die Wiener Außenbezirke bezeichnend waren und die zum großen Teil schon verschwunden sind, gehört die Likörboutique, der sogenannte *Branntweiner*, auf Ottakringerisch auch *Brandineser* genannt. Euphemistisch nennen sich solche Einrichtungen oft „Tee- und Likörstube" und versuchen, hinter dieser Bezeichnung die Trostlosigkeit, Freudlosigkeit und Tristesse zu kaschieren, die solchen Orten innewohnt. Die oberflächliche Kumpanei und brüchige Solidarität, die unter den Gästen dieser Einrichtungen üblich war, konnte nur unzulänglich die Einsamkeit und Verlorenheit der Betroffenen verdecken. Der Alkohol scheint diesen Menschen oft der einzige Trost zu sein in einer Welt, die sie nicht verstehen und von der sie nicht verstanden werden.

Ein solch trostspendendes Unternehmen befand sich auch auf der Thaliastraße, unmittelbar neben meiner Arbeitsstätte. Diese Nachbarschaft ermöglichte interessante Milieustudien. Bei solchen Studien soll man jedoch nicht den Fehler begehen, die Gäste eines solchen Etablissements leichtfertig oder oberflächlich zu beurteilen. Neben den Zeitgenossen, die des Alkohols dringend bedürfen, findet man unter der Klientel des *Brandinesers* immer wieder Menschen, die es sich lohnt, eingehender zu betrachten. In meinem Leben habe ich zumindest die Erkenntnis gewonnen, daß man selten berechtigt ist, jemanden vorschnell zu be- und zu verurteilen. Wie zum Beispiel würde eine unreflektierte Beurteilung folgender Person ausfallen?

Eine lange, schlaksige, ungepflegt wirkende Gestalt wankt die Thaliastraße abwärts. Mit den Händen sucht sie an der Hauswand Halt, der Blick ist nach innen gekehrt. Bei einer Portalvertiefung eines Geschäftes faßt die Person ins Leere, droht zu stürzen. Im letzten Moment stabilisiert sie sich wieder und setzt ihren Weg mehr schlecht als recht fort. Vorbeigehende Passanten weichen angewidert aus und bedenken die Trauerfigur mit abfälligen Bemerkungen. Im günstigsten Fall sind es scherzhafte Äußerungen, meist aber Beschimpfungen. Die Gestalt nimmt die Kommentare aber gar nicht wahr und ist weiter mühevoll mit ihrem Fortkommen beschäftigt. Bei der Überquerung der Klausgasse stürzt der Betrunkene, zum Glück ohne Folgen. Langsam kommt er wieder auf die schwankenden Beine und verschwindet im nächsten Haustor.

Dieses Schauspiel war mehrmals im Monat mit kleinen Variationen zu sehen. So konnte es nicht ausbleiben, daß auch mir diese Gestalt auffiel. Vielleicht durch den Zuruf eines seiner Zechkumpane, vielleicht durch einen anderen Zufall erfuhr ich seinen Namen: Er hieß Alfred, genannt *Don Alfredo*. Die wenigen Male, in denen ich ihn nüchtern sah, ließen mich erkennen, daß dieser Mann eine Persönlichkeit war, die es wert war, sich mit ihr zu beschäftigen. Trinker und andere seltsame Figuren gab es im Dunstkreis der „Likörstube" genug. Viele kannte ich vom Sehen, wenn sie zu ihrem bevorzugten Aufenthaltsort an meiner Arbeitsstätte vorbeikamen. Aber keiner dieser Zeitgenossen interessierte mich besonders – außer Alfred.

Seit meiner frühesten Jugend habe ich schon immer Interesse, um nicht zu sagen Mitleid für Außenseiter empfunden. Vielleicht war dies der Grund für mein Interesse an der Don Quijoteartigen Erscheinung Don Alfredos. Das Interesse an diesem Mann wurde noch intensiver, als ich anläßlich eines Besuches im Ottakringer Bad einer Gestalt ansichtig wurde, die Alfred auffällig glich. Dieser hagere, um nicht zu sagen: ausgemergelte Mann war dort offenbar als Bademeister (ottakringerisch: *Badewaschel*) beschäftigt. Er schlenderte in weißen Shorts und mit weißer Schirmmütze durch das Terrain. In einer Hand hatte er ein Pfeiferl.

Ich beobachtete ihn längere Zeit, wie er freundlich immer wieder mit Bekannten plauderte, manchmal einen Dritten grüßte. War das der Zeitgenosse, der es in Ottakring zu trauriger Bekanntheit gebracht hatte? War das die jämmerliche Gestalt, die so oft an mir vorübergetaumelt war? Der Schädel mit den spärlichen, einfach zurückgekämmten Haaren auf der ledrig wirkenden Kopfhaut, die schlaksige, an Karl Valentin erinnernde Figur – alles glich ihm. Einzig das Gesicht des Bademeisters war weniger teilnahmslos als sonst, war lebendiger. Dieser Bademeister war ohne Zweifel Don Alfredo.

Mein Interesse und meine Neugier wurde noch gesteigert, als Alfred, wie ich ihn im folgenden nennen möchte, eines Tages meinen Laden betrat und sich nach einem Klavierauszug erkundigte. Er suchte die Partitur zu Verdis *La Traviata*. Da ich mich mit Musikalien nur nebenbei beschäftige, hatte ich dieses Werk nicht auf Lager und bot dem neuen Kunden an, es zu beschaffen. Dabei konnte ich mir nicht verkneifen, Alfred zu fragen, ob er das Werk als Geschenk benötige. Ich war höchst verblüfft, als Alfred antwortete: „Na, des is' für mi selber, des les' i am Abend vur'm Einschlafen, des is' sozusagen mein Betthupferl!" Er lachte verbindlich, ohne meinen perplexen Gesichtsausdruck zur Kenntnis zu nehmen. Ich wollte Alfred mit meiner Neugier nicht kränken und stellte deshalb keine Fragen mehr.

Seit diesem Zeitpunkt war mir klar, daß ich es bei diesem Mann nicht „nur" mit einem Trinker zu tun hatte, einem „Durchschnittstrankler", wie sie die Beiselschanktische zu Massen bevölkern. Der Mann war kein simpler Tropf. Ab diesem Zeitpunkt grüßten wir einander auf der Straße und plauderten hin und wieder. Allmählich entstand eine gewisse Vertrautheit. Die Anrede per „Du", die in seinen Kreisen üblich war, behielt Alfred auch in Gesprächen mit mir bei, was mich eigentlich nicht störte. Irgendwie spürte ich eine Seelenverwandtschaft, der ich mir aber noch nicht richtig bewußt war. So ergab es sich, daß ich Alfred öfter, wenn er seiner Schritte wieder einmal nicht ganz sicher war, über die Klausgasse führte und ihn bis zu seinem Haustor geleitete.

Langsam entstand für mich ein Bild Alfreds. Er nahm viele Gespräche zum Anlaß, aus seinem Leben zu erzählen. So erfuhr ich, daß er eigentlich nicht aus Ottakring stammte, sondern aus dem Nachbarbezirk Fünfhaus. Dort hätte er nach dem Willen seines Vaters Zuckerbäcker werden sollen, worüber Alfred nicht sehr glücklich war. Schon früh hatte er begonnen, zuerst Flöte, dann Klarinette und später noch andere Blasinstrumente zu lernen. Alfreds kam in die Lehre, wo er – damals durchaus üblich – schlecht behandelt und ausgenützt wurde. Viel lieber als in der Backstube wäre er vor einem Notenständer gestanden, die Klarinette an den Lippen. Er begann sich zu wehren: Er stellte sich blöd und ging mit dem größten Ungeschick an seine Arbeiten. Das Lehrverhältnis endete vorzeitig.

Während seiner Erzählungen war Alfred rührend darauf bedacht, den Eindruck zu vermitteln, er wäre ein ganz listiger und abgefeimter Geselle. Doch das habe ich ihm nie abgenommen. Alfred war für diese Welt zu weich und schämte sich seiner Sensibilität, die seine eigentliche Qualität war. Wie auch immer, bei mir versuchte er stets den Eindruck eines „ganzen Kerls" zu erwecken, er wollte als solcher ernstgenommen werden. Ich weiß nicht, ob es richtig von mir war, aber ich habe sein Selbstbild nie in Zweifel gezogen.

Nach dem Ende der Lehre gelang es Alfred wirklich, Musiker zu werden. Er spielte in mehreren bekannten Tanzkapellen und beschäftigte sich nebenbei auch mit klassischer Musik. Im Jahre 1942 ereilte ihn der Ruf zum Militär. Er sollte seinen Wehrdienst bei der Marine auf einem U-Boot versehen. Doch davor bewahrte ihn ein Trick: Er hatte die Fähigkeit, ein Lid kraftlos über ein Auge hängen zu lassen, eine Fähigkeit, die er auch mir gegenüber mit verblüffendem Naturalismus demonstrierte. Tatsächlich war das rechte Auge geschlossen, während das andere Auge offenblieb. Alfred gebrauchte bei dieser Demonstration einen Ausdruck, der wie „Napsat" klang, und den er erwähnte, wenn er sich mit dieser Fähigkeit produzierte. In Wirklichkeit handelte es sich um eine *Ptose*, eine Lähmung oder, wie in Alfreds Fall, eine fehlerhafte Innervation des Oberlides, wodurch es über das Auge hängt.

Dieser Fähigkeit bediente sich nun Alfred, als er dem Kommandanten des Bootes, auf dem er sich einzufinden hatte, zum ersten Mal gegenüberstand.

„Ham Se wat am Ooge, Mensch?!" fragte der Kapitän lautstark. Alfred stellte sich blöd. „Wie bitte?" antwortete er.

„Na, Ihnen fällt ja et Oojenlid bis uff die Wange, Mensch, wissen Sie det nicht?"

Alfred erklärte, daß ihm der kleinen Fehler am Auge bekannt sei, daß dies aber seinen Dienst wohl nicht behindern werde. Er käme mit dieser Behinderung ganz gut zurecht, der Herr Kapitän möge sich keine Sorgen machen. Der Vorgesetzte schickte Alfred darauf zum Arzt, der Alfred nach einigem Zögern für tauglich für den Dienst auf einem U-Boot erklärte. Nun mußte Alfred zu härteren Maßnahmen greifen. Er erinnerte sich einer zweiten ihm eigenen

Ruhetag

Sauberes Ottakring

Fähigkeit und erbrach bei der ersten Benützung des Niederganges (der steilen, leiterähnlichen Stiegen auf Schiffen) alles an diesem Tag Gegessene. Es sei schon immer so gewesen, erklärte er seinen Vorgesetzten, daß er bei abrupten Höhenveränderungen erbrechen müsse.

Die Fähigkeit, auf Kommando erbrechen zu können, hat Alfred jedenfalls vor dem Dienst auf dem U-Boot bewahrt. Er wurde einer anderen Waffengattung zugeteilt und schaffte es, den Krieg unbeschadet zu überstehen. Er spielte dann in verschiedenen Orchestern, unter anderem sogar bei den Philharmonikern. Später war er wieder bei verschiedenen Tanzorchestern engagiert und lernte so, wie er nicht ohne Stolz erzählte, viele österreichische Stars der Unterhaltungsbranche kennen. Mit vielen Rundfunkgrößen und späteren Fernsehstars, die ihn heute nicht mehr kennen wollten, sei er per „Du" gewesen, ließ mich Alfred öfters wissen. Bei diesen Erzählungen bekamen seine wasserblauen Augen über den dicken Tränensäcken oft einen elegischen Ausdruck. In seinen Schilderungen stellte sich Alfred stets als gerissenen, ausgekochten und listigen Burschen dar. Auf diese Weise, nämlich durch Tricks und spitzbübisches Vorgehen, war es ihm möglich, als Bademeister im Ottakringer Bad „eine ruhige Kugel zu schieben", wie er meinte. Er arbeite weniger, als seine Vorgesetzten von ihm verlangten.

Ganz so unbedarft und unwissend, wie mir Alfred seinen Chef schilderte, dürfte dieser aber doch nicht gewesen sein, denn eines Tages wurde Alfred gekündigt. Ob Alfreds Tricks oder ein Alkoholexzeß die Ursachen waren – ich weiß es nicht.

Einmal bei den Städtischen Betrieben beschäftigt, fand die Stadt Wien bald eine neue Beschäftigung für ihn. Alfred wurde der Posten eines Straßenkehrers in Ottakring angeboten. Er nahm diese Tätigkeit auch bald darauf, in kräftiges Orange gewandet, auf. Vielleicht glaubte man, ihm einen Gefallen zu erweisen, als man Alfred einen Rayon ganz in der Nähe seiner Wohnung zuteilte. Für Alfred war dies aber eher ungünstig. Ganz in der Nähe seiner Wohnung lag ja auch der anfangs erwähnte Brandineser. Jetzt ließ sich Alfred ganz fallen. Er hielt sich fast nur noch in der Likörstube auf und verließ sie erst wieder am späten Abend, entsprechend illuminiert. Da wurde die Branntweinstube geschlossen.

Alfreds Sturz in den sicheren Abgrund wurde durch diese Schließung zweifellos gebremst, vielleicht sogar aufgehalten. Nun mußte er, um seinen täglichen Spiegel zu erreichen, weiter gehen. Vielleicht lag es an diesem Umstand oder an Alfreds Pensionierung – auf jeden Fall sah man ihn immer seltener volltrunken. Eines Tages erklärte mir Alfred, er habe mit dem Trinken ganz aufgehört. Tatsächlich sah man ihn ab diesem Zeitpunkt nur mehr nüchtern.

Vielleicht trinkt Alfred jetzt nur noch zu Hause; auf jeden Fall habe ich ihn seither, und das ist bestimmt schon acht Jahre her, nicht mehr betrunken gesehen. Allerdings sind unsere Begegnungen selten geworden. Alfred, der ungefähr zweiundsiebzig Jahre alt ist, hat sich offenbar in seine Wohnung zurückgezogen, die er mit ein oder zwei Katzen teilt. Ich hoffe, daß er dort nicht heimlich trinkt.

Alfred war nicht nur der Musik ergeben, sondern hatte auch für andere musische Angelegenheiten viel übrig. Er besorgte sich bei mir Lyrik und Bücher mit historischem Inhalt, aber auch viele Bücher über Wien und die Kunst. Auch Monographien berühmter Maler und Musiker erstand er bei mir. Er war ein einsamer, zutiefst unglücklicher Mensch, der von den meisten Menschen unter seinem Wert taxiert wurde. Über seine Depressionen täuschte er sich und andere mit banalen Sprüchen und Witzen hinweg. Sein Gesicht war dann eine Maske, hinter die nur Eingeweihte blicken konnten. Da ich seinerzeit über Alfreds Anekdote bei der Marine sehr gelacht hatte, spielte er immer wieder auf diese Geschichte an, indem er sein Augenlid fallen ließ und „Napsat" sagte. Damit hoffte er wohl, den Eindruck eines lockeren und unbeschwert heiteren Zeitgenossen aufrechterhalten zu können. Ein rührend unzulänglicher Versuch.

Oft wollte ich Alfred nach dem Grund seiner Abstürze fragen, doch ich traute mich nie. Ich wußte auch nicht, wie ich diese Frage formulieren sollte, ohne Gefahr zu laufen, Alfred damit zu kränken. Eines Tages, wir sprachen gerade über Musik, entdeckten wir, daß wir beide Bewunderer Richard Wagners waren. Alfreds Begeisterung für Musik und die Möglichkeit, endlich wieder darüber reden zu können, öffneten alle Schleusen – im „Brandineser-Milieu" hatte er wohl kaum Gelegenheit, Gespräche dieser

Art zu führen. Doch nun ging er aus sich heraus und erzählte mir, daß er schon seit längerer Zeit seine Klarinette nicht mehr in der Hand gehabt habe. Wozu er dann die vielen Noten und Partituren bei mir erworben habe, wollte ich wissen. Da sagte er: „Geh, ich brauch' doch des alles net spieln, wenn ich die Noten les', hör' ich ja den ganzen Klang. I hör's no viel besser, wia wann i 's spieln tät'. Beim Lesen hör' ich die Musik, wia 's sich der Komponist vurgstellt hat, da hör' ich die Töne, die der Komponist g'mant hat, viel vollkommener, als die besten Musiker des spieln könnten."

„Und deshalb spielst du nicht mehr?" fragte ich.

„Naa", antwortete Alfred, „waast, i tät' sicher no spieln, wenn des damals net passiert wär'. Aber seit dem Schicksalsschlag spiel' ich nimmer, mir is nimmermehr danach. Wer waaß, ob i überhaupt no spieln könnt'."

So erhielt ich die Antwort auf die Frage, die ich schon immer stellen wollte, aber nie gestellt hatte: Alfred war, was ich nicht gewußt hatte, verheiratet gewesen. Eines Tages verstarb seine Frau plötzlich und ohne ersichtliche Ursache. Die Polizei vermutete einen Mord. Alfred war Musiker, ein Künstler. Er gehörte einer Gruppe von Menschen an, die sich beruflicherweise die Nächte um die Ohren schlugen und ohnehin nicht das beste Renommee hatten, damals noch weniger als heute. Alfred wurde verhaftet.

Er saß einige Wochen in Untersuchungshaft, bis sich seine Unschuld herausgestellt hatte. Die Umstände des mysteriösen Todes scheinen nie geklärt worden zu sein, jedenfalls erzählte mir Alfred nichts mehr darüber. Für ihn war es ein Schicksalsschlag. Dieser Prüfung hätten auch weniger sensible Charaktere kaum standgehalten – für Alfred, den sanften, kunstliebenden und letztlich völlig harmlosen Menschen, kamen diese Ereignisse gleich K.-o.-Schlägen. Nicht nur, daß er einen geliebten Menschen verloren hatte, vermutete man in *ihm* auch noch einen Mörder. Daß sich seine Unschuld letztlich herausstellte, tat zwar der Form Genüge, ließ aber unbeachtet, was in der Seele eines Menschen zerstört worden war. Trotz seiner erwiesenen Unschuld war Alfred verurteilt, ja hingerichtet worden.

Der Herr des Hauses

Es gibt eine Gruppe besonders bemerkenswerter Ottakringer. Ihre Profession ist beileibe nicht einzigartig, sie wird in ganz Wien, ja wahrscheinlich auf der ganzen Welt ausgeübt. Die Ausübenden besitzen eine gewisse Originalität, die jedoch nur in Ottakring ihre höchste Ausbildung erreicht.

Diese Professionisten in Ottakring sind wie ihre Kollegen auf der ganzen Welt – nur sind sie's viel intensiver. In Ottakring sind sie, wenn sie witzig sind, witziger als anderswo, wenn sie grantig sind, grantiger als anderswo. Liebenswerter als die Kollegen außerhalb Ottakrings sind sie sowieso.

Die Rede ist von den Schulwarten.

Die Angehörigen dieser Spezies sind die unumschränkten Herren ihrer Arbeitsstätte. Nicht nur ihre Untergebenen, auch die ihnen offiziell Vorgesetzten müssen sich ihrem Diktat beugen. Ich habe schon oft erlebt, daß Schuldirektoren vor der Verwirklichung neuer Maßnahmen erst die Zustimmung ihrer Warte einholten. Und die kennen ihre Rechte und Pflichten genau.

Man kann immer nachschaun. Es kommt oft vor, daß ein Schulwart, bevor er sich an seine Arbeit macht, nachsieht, ob und unter welchen Voraussetzungen er ihrer Erfüllung obliegt. Die Besetzung der Schulwartsposten geht nicht immer ganz unpolitisch vor sich, woraus man ersehen kann, daß diese Ottakringer gewerkschaftlich sehr gut organisiert sind. Seltsamerweise wird der Katalog der Rechte und Pflichten nur dann zu Rate gezogen, wenn ein Ansinnen in ungebührlicher Form daherkommt. Mit forschen Forderungen wird man jenen Ottakringer Schulwart unweigerlich dazu bringen, im Katalog nachzublättern. Wird das Anliegen aber in Form einer freundlichen Bitte vorgebracht, bleibt der Katalog zu, und man kann darauf vertrauen, daß der Auftrag zuverlässig erledigt wird. Selbstverständlich geschieht dies alles im Zeichen der Solidarität.

In dieser Zunft findet sich ein breites Spektrum von Charakteren und Individualitäten. Da gab es einen, der sich nebenberuflich als Schlagzeuger einer Tanzband betätigte. Er fand als Schulwart ein eher unrühmliches Ende und verschwand von der Bildfläche. Ein anderer machte den Keller des Schulgebäudes zur Dependance eines Tiergartens. Neben Vögeln, Hunden, Katzen und Fischen sollen sich in dem betreffenden Keller noch einige andere Tierarten befunden haben. Dieser mir immer sehr wohlgesonnene Mann lud mich sogar in sein bukolisches Refugium im Weinviertel ein, trank dort mit mir Bruderschaft und wollte mich veranlassen, einen ihm benachbarten aufgelassenen Weinkeller zu erwerben. Leider stand mir das notwendige Kapital nicht zur Verfügung. Unter den Ottakringer Schulwarten gibt es sogar einen Meisterstemmer; sein Habitus hätte jedoch nie und nimmer auf diese Sportart schließen lassen. Klein und unscheinbar von Gestalt, ist der Mann längst in Pension.

Weil ich weiß, wie man mit diesen liebenswerten Menschen umzugehen hat, komme ich auch mit allen gut aus.

Mit einem einzigen Exemplar dieser Spezies hatte ich Probleme. Ich mußte Schulbücher in eine Mittelschule liefern. Der Mann behinderte mich, wo es ging. Er weigerte sich, die Räume, die zur Lagerung der Schulbücher bestimmt waren, aufzusperren. Während ich schwitzend Stapel von Büchern schleppte, bedachte er mich mit Bemerkungen über den Reichtum, der mir aus der Schulbuchaktion erwachsen würde. Dieser Mann war der einzige, der mich dazu brachte, mich beim Leiter der Schule zu beschweren. Er wurde zum Direktor gerufen, und in meiner wie des Hilfsschulwartes Gegenwart ging ein Donnerwetter über sein Haupt nieder. Damals hatte ich eine der wenigen Gelegenheiten, einen geknickten, seines Selbstbewußtseins beraubten Schulwart zu sehen, zeichnet sich doch der Berufsstand seit jeher durch ein strotzendes Selbstbewußtsein aus.

Mit diesem Selbstbewußtsein der Schulwarte wurde ich schon bald nach Beginn meines Wirkens in Ottakring konfrontiert. In einer Schule sollte eine Weihnachtsbuchausstellung organisiert werden, über die der Direktor die Ansichten des Schulwartes einholen wollte. Der Schulwart, ein mächtig wirkender Mittfünfziger mit Händen wie Ruderblätter und einem Brustumfang von fast zwei Metern, machte auf mich sofort einen eher unwilligen Eindruck. Sein Verhalten bestätigte meine Vermutung. Jedes Ansinnen wies er zurück, jeden Plan erklärte er für undurchführbar. Der Direktor aber, in der Behandlung seines Gehilfen wohl erfahren, erreichte dann doch, daß der Schulwart einlenkte. Den Argumenten des eloquenten Schulleiters hatte der Schulwart letzlich nichts entgegenzusetzen. Erst als es darum ging, Tische aus den Klassenzimmern auf den Gang zu stellen, bekam der Mann wieder Oberwasser. Genüßlich den Pflichtenkatalog im Geiste durchblätternd, erklärte der Schulwart triumphierend, daß ihm für die Tätigkeit des Tischetransportierens gewerkschaftlich ausgehandelte 50 Schilling zustünden. Ein nach Zustimmung fragender Blick des Direktors ließ mich zögernd antworten: „Na, wenn Ihnen dieser Betrag zusteht, dann bleibt mir nichts anderes übrig. Ich werde Ihnen das Geld gleich geben. Ist Ihnen das recht"?

Die ausgestreckte rechte Hand des Mannes ließ mich meine Skrupel darüber vergessen, daß ich den Schulwarten bei solchen Anlässen immer 100 Schilling Trinkgeld zu geben pflegte.

Sommer in Bad Aussee

Ein liebenswertes Exemplar der Spezies der Sonderlinge war Viktor H., ein Schöngeist und introvertierter Conaisseur der Literatur. Eigentlich kannte ich ihn schon lange bevor ich in Ottakring tätig wurde. Viktor H. machte nämlich mindestens einmal wöchentlich eine *Tour d'horizon* durch die Buchhandlungen der Inneren Stadt. Da ich den Vorzug hatte, in zwei der renommiertesten Buchhandlungen des ersten Bezirkes zu arbeiten, fiel mir seine Person bald auf. Die kleine, zarte Gestalt mit dem etwas zu großen Kopf und der viel zu großen Nase im rosigen Gesicht war trotz der mangelnden Körpergröße nicht zu übersehen. Die nur mühsam und unzulänglich gebändigten, schlohweißen Haare und sein rosiges, brillenloses Gesicht waren derart auffällig, daß sich diese Erscheinung jedem einprägte. Weder kannte man seinen Namen noch sonst irgend etwas über ihn, der wie ein lebendes Inventar durch alle Buchhandlungen Wiens stapfte. Jeder wußte nur, daß sein literarisches Wissen immer auf der Höhe der Zeit war, daß er alle literarischen Strömungen zu kennen schien und über die Neuerscheinungen immer bestens informiert war. Seine Fragen nach Büchern brachten so manchen meiner Kollegen in Verlegenheit. Er sah sich viele Bücher an, ließ sich oft Prospekte geben, kaufte oder bestellte aber selten etwas.

Wie groß war daher die Überraschung, als dieser sehr bekannte Unbekannte bald nach meinem Einstand in Ottakring das Geschäft betrat. Er erkundigte sich nach einem Buch, an das ich mich heute nicht mehr erinnere, und begann darauf – oh Wunder – ein Gespräch. Natürlich war es ein literarisches Gespräch, zumindest von seiner Seite. Ich staunte über sein Wissen. So weit ich mich erinnern kann, bestellte das liebenswürdige Männlein dann das Buch, nach dem er auf der Suche war, und nannte mir seinen Namen. Jetzt wußte ich, daß dieser Mann Viktor H. hieß und offenbar hier in Ottakring zu Hause war. Letzteres war, so dachte ich mir, wahrscheinlich der Grund, daß er bei seinen Besuchen in den Stadtbuchhandlungen nur selten einen Einkauf tätigte. Der Lokalpatriot, der er offensichtlich war, wollte lieber den Kaufleuten seines Bezirkes ein Geschäft zukommen lassen. Seine Visiten in den Stadtbuchhandlungen dienten anscheinend nur seiner Information und waren für ihn das, was für andere Menschen einen Ausflug oder einen Spaziergang darstellt. Sein Hobby war die Welt der Bücher. Diese Welt war seine Sphäre, die Umgebung, in der er aufleben und Kraft tanken konnte. Viktor H. kam dann öfter in mein Geschäft, zunächst einmal monatlich, und wurde, introvertierter Mensch, der er war, allmählich immer vertrauter mit mir, so daß sich seine Visiten häuften und er mich fast wöchentlich besuchte. In den oft langen Gesprächen, die wir über Kunst, Kultur und vor allem Literatur führten, bewies Viktor H. immer mehr, wie sattelfest er auf dem Gebiet der Lyrik war. Besonders die Dichtungen Johann Wolfgang von Goethes waren seine Domäne. Er kannte, wie mir schien, den *Faust* in seiner Urfassung wie auch in der bekannten zweiteiligen Fassung fast auswendig, hatte alle Zitate parat und setzte mich mit dem Zitieren der Textstellen immer wieder in Erstaunen. Viktor H. kannte alle biographischen Daten zu Goethe und wußte um alle Beziehungen seines Abgottes Bescheid, ob sie nun künstlerischer oder erotischer Natur waren. Sein großes literarisches Wissen hinderte Viktor H. aber nicht daran, ganz bescheiden und einfach zu bleiben. Er, der auf dem Gebiet der Literatur wesentlich gebildeter war als ich, sah mich in seiner bescheidenen Art als literarische Instanz an – ich bin mir der unverdienten Ehre heute noch bewußt. Vielleicht lag es an dem Umstand, daß er in der vorstädtischen Bevölkerung selten jemanden fand, mit dem er über seine Interessen ausführlich sprechen konnte, weshalb er mich zu seinem Gesprächspartner auserkor. Viktor H.s Vertrauen ging sogar so weit, mich über sein intimstes Geheimnis zu informieren …

Viktor H. mußte am Ende des vergangenen Jahrhunderts geboren worden sein. Er machte, wie er mir erzählte, seine Matura an der Wiener Lehrerbildungsanstalt und war – damals benötigte man kein weiteres Studium mehr – damit Volksschullehrer. Das Reifezeugnis der Lehrerbildungsanstalt war gleichzeitig der einzige Befähigungsnachweis für einen Lehrer an Volksschulen. Oft gestand mir Viktor H., daß es ihm leid täte, nicht weiterstudiert zu haben. Die Kenntnis von Fremdsprachen zum Beispiel würde ihm schon sehr abgehen, denn in der Lehrerbildungsanstalt sei er nicht einmal in Englisch unterrichtet worden. Jedenfalls begann die pädagogische Karriere Viktor H.s in Wien als Volksschullehrer und setzte sich in Lilienfeld fort. In Lilienfeld, so sagte er mir oft, habe er seine schönste Zeit als Lehrer verbracht. Dann kam der Krieg, dem er wie viele seiner Zeitgenossen nicht entgehen konnte, den er gottseidank aber heil überstand. Zurückgekommen, trat er eine Stelle als Berufschullehrer an, in der er bis zu seiner Pensionierung verblieb. Daß der Unterrichtsgegenstand Viktor H.s „Deutsch" war, braucht wohl nicht speziell erwähnt zu werden.

Neben seiner Neigung für Literatur und andere musische Dinge besaß Viktor H. einen kauzigen Humor, der sich mir oft in liebenswürdigen und harmlosen, aber nie dummen Scherzen darstellte. Auch dem „schönen Geschlecht" sei er immer sehr zugetan gewesen, ließ er mich oft augenzwinkernd wissen. Ich glaube, er hielt das für einen in der Goethe-Tradition lebenden Menschen für unerläßlich. Ein Beispiel für die liebe Verschrobenheit Viktor H.s war sein Prinzip, nie auf Erspartes zurückzugreifen. Er konnte, wie er gestand, mit Geld nie besonders gut umgehen, so daß gelegentlich ein finanzieller Engpaß entstand. Sein Sparbuch, das sicher ganz gut gepolstert war, blieb immer unangetastet. Wenn am Monatsende die Finanzen knapp zu werden drohten, so hob er nicht, wie es wohl mancher andere machen würde, Geld vom Konto ab, sondern verpfändete einen wertvollen Gegenstand im Versatzamt, um die Zeit bis zur Pensionsauszahlung zu überbrücken. Dann wurde der Gegenstand wieder ausgelöst und verblieb bis zum nächsten Ultimo im Besitz Viktor H.s und seiner Frau. Die bei diesen Transaktionen anfallenden Kosten waren Viktor H. und seiner Gattin, die ich in all den Jahren nie kennengelernt habe, völlig egal. Dieser beneidenswerte Mann lebte in einer Welt, in der es keine Kostenrechnung, keine materielle Rationalität und kein Gewinnstreben gab. Seit vielen Jahren verbrachte Viktor H. seine Sommerferien in Bad Aussee – in der Tradition der klassischen Sommerfrische. Die zwei Monate Ferien, die Viktor H. als Lehrer hatte, wurden immer beim gleichen Quartiergeber, einem gewissen Grieshofer, verbracht. Wie traditionsbewußt Viktor H. war, konnte man aus der Tatsache ersehen, daß er auch nach seiner Pensionierung den ersten Ferientag immer mit dem Kofferpacken zubrachte. Dann fuhr er in den beglückend beschaulichen Sommer des Ausseerlandes.

Bei einem so kultivierten Mann war es kein Wunder, daß die Naturschönheiten des Ausseerlandes ihren literarischen Niederschlag fanden, und dies war sein eigentliches Geheimnis. Eines Tages im Spätherbst eröffnete mir Viktor H., daß sein letzter Sommerurlaub nicht ohne Folgen geblieben sei. Bescheiden, wie es seine Art war, erzählte er mir, er habe die Erlebnisse und Eindrücke seines Sommeraufenthaltes lyrisch verarbeitet und in einem Büchlein zusammengefaßt. Damit überreichte er mir ein kleines weißes, weich gebundenes Bändchen mit der Bitte, es zu lesen, aber nicht zu kritisch mit dem Text zu verfahren. Sein ohnehin rosiges Gesicht wurde hochrot. „Ich bin an Ihrer Meinung sehr interessiert", sagte er. „Sie sind der erste, der es bekommt."

Ich versicherte ihm, mir dieser Ehre bewußt zu sein und bedankte mich für die Auszeichnung. Bald darauf verabschiedete sich Viktor H. und versprach verschämt, in einigen Tagen wiederzukommen. Dann wolle er meine Meinung zu seinem Werk hören. Das Bändchen trug den Titel „Sommer in Bad Aussee" und sollte das erste einer Reihe sein. Die folgenden würden „Sommer in Bad Aussee II" und „Sommer in Bad Aussee III" heißen. Viktor H. hatte es auf eigene Kosten herausgegeben und in vielleicht 100 Exemplaren drucken lassen. Also machte ich mich an die Lektüre. Die Reime waren verkrampft, die Stimmungsbilder banal, die Verse holprig.

Da gab es Reime wie:

> „ … und uns're Koffer
> trug Herr Grieshofer"

Oder

> „Am Berg, da war so hoch der Baum,
> man sah daher die Sonne kaum."

Und so weiter und so fort, sechzig langweilige Seiten hindurch. Einen einzigen Vers jedoch gab es, der mich überzeugte. Er war sprachlich vollkommen und vermittelte mir, was der Schreiber der Zeilen empfunden hatte. Ich war glücklich, diesen Vers gefunden zu haben, konnte ich doch, ohne zu lügen, auf die Schönheit dieser Stelle verweisen und so das Werk zumindest *Pars pro toto* loben. Der übrige Text bot für Lob wirklich keinen Anlaß mehr. So sehr ich auch suchte, ich fand keine zweite Stelle, der ich etwas hätte abgewinnen können. Egal, dachte ich, – immerhin konnte ich Viktor H. damit erfreuen, daß ich die besagte Stelle ganz außerordentlich fand. Damit konnte ich über das restliche Werk den Mantel des Schweigens breiten.

Als Viktor H. kurz danach mein Geschäft betrat, hielt ich ihm fröhlich sein Büchlein entgegen. Einen Finger hatte ich zwischen den Seiten, auf denen sich die großartige Stelle befand. „Herr H., das ist ja großartig, das ist ja wirkliche Dichtung!" begrüßte ich ihn. Meine Worte verfehlten ihre Wirkung nicht. Ungläubig und erfreut sah mich Viktor H. an. Doch war er nicht ganz sicher, ob meine freundlichen Worte auch wirklich seinem Werke gegolten hatten. „Es hat Ihnen wirklich gefallen …?" fragte er. „Sie meinen, es wäre erträglich … es wäre lesbar …?"

Mit voller Überzeugung sagte ich: „Aber natürlich. Da ist zum Beispiel ein Vers … also, der könnte sogar von einem großen Dichter sein!"

Das Gesicht Viktor H.s rötete sich. Mit zitternder, fast brüchiger Stimme fragte er: „Welche Stelle meinen Sie denn eigentlich?" Er, der bescheidene Mensch, konnte die Freude, die ihn ergriffen hatte, kaum verbergen. Ich klappte das Buch an der vorbereiteten Stelle auf, deutete auf den Vers und las ihn vor.

Doch mit dieser Reaktion Viktor H.s hatte ich nicht gerechnet: Er drohte, in sich zusammenzufallen, und stammelte mit kraftloser Stimme: „*Den* Vers meinen sie ... der ist allerdings wirklich wunderbar ... er ist von Nikolaus Lenau! Ich habe ohnehin daneben ein Sternchen gemacht und als Fußnote erklärt, daß ich damit eine Anleihe bei Lenau gemacht hätte!"

Welche Worte ich darauf stotterte, weiß ich heute nicht mehr; daß meine Rezension unserer gegenseitigen Zuneigung jedoch keinen Abbruch tat, weiß ich genau. Viktor H. schenkte mir in den nächsten Jahren auch die Folgebändchen, verkniff es sich aber geflissentlich, je wieder einen Kommentar zu verlangen.

Ich muß mich zurückhalten, die Fülle der Erlebnisse, die ich mit Ottakringern hatte, zu schildern. Das Buch würde seinen Rahmen sprengen. Eine Geschichte sei aber, weil sie so bezeichnend für menschliche Schwächen ist, doch noch erwähnt.

Jahrelang erschien fast wöchentlich ein liebenswürdiger älterer Herr in Begleitung seiner viel jüngeren Gattin in meinem Geschäft. Er erwarb meistens irgendeinen Kriminalroman von Agatha Christie und erklärte mir, daß er ausschließlich diese Art von Literatur lese. Für ihn wäre es wichtig, nichts von Grausamkeit, Sex und Ähnlichem zu lesen. Die literarische Gattung der „Triller" (er meinte selbstverständlich *Thriller*, sprach das Wort nur mit *T*, ohne den englischen Dentallaut *Th* aus) lehnte er mit dem Hinweis ab, er sei jahrelang im schulpsychologischen Dienst gewesen. Er wisse deshalb um die Gefahr der Verderbnis, die diese Bücher besonders für die Jugend darstellten.

Er sprach in seiner liebenswürdigen Art davon, daß die Menschen viel mehr Gutes tun müßten, um das Zusammenleben zu erleichtern. Es waren fast kleine Vorlesungen, in denen er über die nicht mehr vorhandene Ethik und die zunehmend schwindende Moral der Gesellschaft referierte. Dabei stieg er von einem Bein aufs andere und fuhr mit seinem Zeigefinger durch die Luft. Seine Erscheinung erinnerte mich immer an den Lehrer Lämpel aus Wilhelm Buschs *Max und Moritz*.

Diese Jeremiaden wurden von seiner Frau, die ihn stets begleitete, kommentarlos angehört. Außer dem Gruß beim Betreten und Verlassen des Geschäftes sprach sie nie ein Wort. Offenbar kam sie nur mit, um ihrem viel älteren und gebrechlich wirkenden Gatten Halt und Stütze zu sein. Sie öffnete ihm die Tür und machte ihn fürsorglich auf die Stufen beim Eingang aufmerksam. Gemeinsam boten sie ein Bild inniger Harmonie.

Eines Tages entdeckte der „Herr Professor" – er hat dieser Anrede nie widersprochen – ein Buch, das er unbedingt kaufen wollte. Leider hatte er nicht genug Geld dabei. Da ich die beiden aber schon jahrelang als seriöse Kunden kannte, sagte ich: „Aber Herr Professor, bitte nehmen Sie das Buch nur mit und bezahlen Sie es bei Ihrem nächsten Besuch!"

Der Professor ging nur zögernd auf dieses Angebot ein. Ich versicherte ihm, die Sache ginge in Ordnung, ich könne auf mein Geld schon eine Woche warten. Schließlich nahm der Professor das Buch mit.

Damit waren seine wöchentlichen Besuche zu Ende. Es vergingen Wochen, Monate, Jahre. Kein Professor mit Gattin erschien mehr in meinem Laden. Wenn ich durch meine Eingangstür schaute, sah ich die beiden manchesmal auf der anderen Straßenseite. In meinem Geschäft sah ich sie nie wieder.

Eines Tages, es waren zwei, drei Jahre vergangen, betrat die Frau des Professors das Geschäft. Sie war schwarz gekleidet und teilte mir mit, daß ihr Mann verstorben sei. Sie wisse, erklärte sie mir, ohne, daß ich eine Anspielung gemacht hatte, daß sie mir noch 198 Schilling für das Buch schulde. Und überhaupt: Welch ein gütiger, gebildeter und anständiger Mensch wäre der Professor gewesen. Der Verlust, den sie durch seinen Tod erlitten habe, sei nie wieder gutzumachen.

Ich sprach ihr meine Anteilnahme aus und spendete ihr Trost, so gut ich konnte. Sie dankte und versprach, das Geld gleich morgen vorbeizubringen. Dann verließ sie das Geschäft, um es nie wieder zu betreten.

Wie groß doch das Bedürfnis nach Anteilnahme sein kann.

Am Rande der Kriminalität
Post aus Amsterdam

Gerry spielte Gitarre, und wenn es sich ergab, sang er dazu lustige G'stanzeln. Seit seinem vierzehnten Lebensjahr rauchte er Haschisch, das er für harmlos hielt. Außerdem sah er gut aus und kam bei Frauen sehr an.

Eines Tages machte er, vielleicht durch die Vermittlung von Dealern, Bekanntschaft mit dem Milieu, und er beschloß, darin Fuß zu fassen. Durch sein unkonventionelles Wesen und die Nichteinhaltung der Ehrencodices, die innerhalb des Milieus galten, bekam er bald Schwierigkeiten. Den Auftakt bildete seine Freundin, die er wechselweise an verschiedenen Standorten in und um Ottakring postierte. Dadurch geriet er aber in das Revier einiger Berufsgenossen, die ihm so „freundschaftliche" wie eindeutige Verwarnungen zukommen ließen. Aber Gerry nahm diese Warnungen nicht sehr ernst, und so wurde von den Kollegen ein „Arbeitsverbot" über ihn verhängt. Dieses Verbot machten die Kollegen Gerry so deutlich, daß er sich danach im Spital wiederfand. Immerhin schien er es nun verstanden zu haben: In Wien hatte er „kein Leiberl" mehr.

Ein Freund, der dem gleichen Gewerbe in Amsterdam nachging, erzählte Gerry von den phantastischen Möglichkeiten, wie in Holland Geld zu verdienen sei. Kurz entschlossen nahm Gerry sein Mädchen und fuhr nach Amsterdam. Die Stadt war ein Dorado. Gerrys Mädchen war außerordentlich hübsch, und die Einkünfte waren beträchtlich. Dazu kam, daß man Haschisch frei erwerben konnte, um nicht einmal viel Geld. Gerry fand, daß er noch besser Gitarre spielte, wenn er etwas geraucht hatte.

Bald wurde Gerry Haschisch zu gewöhnlich. Er begann, mit Kokain zu experimentieren. Im Kokain glaubte Gerry den Stoff gefunden zu haben, der sein Gitarrespiel perfektionierte. Seine ständigen Drogenversuche ließen ihn jedoch in der Kontrolle seines „Pferdchens" nachlässig werden. Dies nutzte der Freund, der ihn nach Holland gelockt und der an Gerrys Mädchen schon länger Gefallen gefunden hatte. Er spannte im das „Pferderl" aus. Nun bewies Gerry, daß er seine Hände nicht nur zum Gitarrespielen hatte: Bei einer Prügelei brach er dem ehemaligen Freund mit einem Baseballschläger die Wirbelsäule und „setzte ihn damit in den Rollstuhl", wie mein Informand trocken berichtete.

Für diese Strafaktion faßte Gerry in Holland drei Jahre „Schmalz" (Gefängnis) aus und wurde nach Verbüßung der Strafe nach Österreich abgeschoben. Hier gelang es ihm – er hatte inzwischen dazugelernt – sich in der Szene zu etablieren. Die Geschichte mit dem Baseballschläger war ihm schon vorausgeeilt und wurde mit Respekt zur Kenntnis genommen. Gerry fand schnell ein neues „Pferderl" in Gestalt eines soeben schutzlos gewordenen Mädchens. Ihr Beschützer war einer Überdosis Heroin gestorben. Nicht zuletzt wegen seines Gitarrespiels stieg Gerry zum Liebling der Ottakringer Halbwelt auf und wurde ein geschätzter „Strizzi".

Eines Morgens fand ihn sein Mädel beim Nachhausekommen tot in der Wohnung. Er lag quer über der Couch, mit offenen, nach oben verdrehten Augen. Auf dem Tisch lag eine Injektionsspritze. Wie die Polizei später feststellte, war Gerry an einer Überdosis Heroin gestorben.

Es war zunächst ein Rätsel, wie Gerry in den Besitz dieser Sorte besonders starken Heroins gekommen war. Heroin von solcher Reinheit war in Österreich nicht zu bekommen. Dann fand man ein Stück Packpapier, offensichtlich ein Teil einer Verpackung, die noch Reste des Absenders aufwies. War auch nicht alles mehr zu lesen, so konnte doch noch das Wort Amsterdam entziffert werden.

Kennen Sie, verehrter Leser, die Opfermanngasse? Obzwar Sie möglicherweise Ottakringer sind, kennen Sie die Opfermanngasse nicht? – Nun, es ist keine Schande, sie nicht zu kennen. Erstens handelt es sich nur um ein ganz kleines Gäßchen, das von der Kendlergasse bis zur Huttengasse verläuft. Und zweitens existiert diese Gasse in ihrer heutigen Form erst seit dem 15. Dezember 1983. In den Jahren von 1857 bis 1918 gab es zwar schon ein *Opfermanngassl*, das jedoch im Zuge einer Gebietsneugestaltung rund um die Paltaufgasse verschwand. Beide Gassen aber wurden nach der Familie Opfermann benannt, die in Ottakring seit 1774 urkundlich belegt ist. Diese Dynastie von Weinhändlern und

Gastwirten hat im Laufe der Jahre einen erheblichen Einfluß auf die Entwicklung Ottakrings genommen. Einem Ottakringbuch aus dem Jahre 1904, verfaßt von Dr. Walter Graudenz, entnehme ich, daß in der Ottakringerstraße 207 der Gastwirt Franz Opfermann das seit 1859 bestehende Wirtshaus neben der Kirche betrieb. Der Autor vergaß auch nicht, auf den Inseratenteil des Buches hinzuweisen. Dort werden nämlich die naturbelassenen Weine und das vorzügliche Ottakringer Abzugsbier gepriesen. Aber auch den schattigen Gärten und den Sälen, die für unterschiedliche Veranstaltungen gemietet werden konnten, wird Erwähnung getan.

Heute gibt es meines Wissens nach keinen Wirt mehr in Ottakring, der Opfermann heißt. Wohl gibt es aber noch einen Mann dieses Namens, der vielen lebenden Ottakringern ein Begriff ist. Sollten Sie Fritz Opfermann nicht kennen, spricht das eher für Sie. Denn die Menschen, mit denen Fritz Opfermann hauptsächlich zu tun hatte – er ist inzwischen in der wohlverdienten Pension –, sind nicht gerade Durchschnittsbürger. Opfermann ist jener Herr, der als *Kieberer von Ottakring* vielen Leuten ein Begriff wurde. Er ist der legendäre Kriminalbeamte aus Leidenschaft, der die halbe Wiener und die ganze Ottakringer Halbwelt zu seinen Bekannten zählt. Fritz Opfermann hat seine beruflichen Erinnerungen in einem Buch mit dem Titel „Kieberer in Ottakring" niedergeschrieben. In diesem leider vergriffenen Buch schildert Opfermann auf höchst amüsante und originelle Weise seine bemerkenswertesten Fälle. Vieles in diesem Buch ist unsagbar komisch, manches stimmt nachdenklich, aber alles zeugt von jener menschlichen Wärme, mit der Inspektor Opfermann auch in den hartgesottensten Ganoven immer den Menschen sah. Mir sind die Geschichten von den Außenseitern, von den vom Schicksal und den Menschen verstoßenen, geprügelten und verspotteten Individuen fast die wichtigsten. Mich haben diese bedauernswerten Leute und ihr Schicksal schon von Jugend auf interessiert, vermutlich deshalb, weil mich nur verschiedene glückliche Umstände vor einem ähnlichen Schicksal bewahrt haben. Dieses Buch soll beileibe keine moralische Erbauungsschrift sein, doch würde es mich freuen, wenn der geneigte Leser erkennt, wie übel das Schicksal manchem von uns mitgespielt hat. Denn die sogenannten Außenseiter sind an ihrem Los selten schuld.

Ich hatte das Vergnügen, Herrn Fritz Opfermann anläßlich seiner Buchpräsentation persönlich kennenzulernen. Er ist ein freundlicher, gebildeter Herr, der sich einer gepflegten Sprache bedient und der Ruhe und Sicherheit ausstrahlt. Seine Augen aber lassen einen schalkhaft-schelmischem Humor erahnen. Dies war mein erster Eindruck, der sich nach näherer Bekanntschaft noch vertiefte. Wenn Friedrich Opfermann zu erzählen beginnt, kann man von diesem soignierten Herren aber auch ganz andere Ausdrücke hören. Sollte es eine Geschichte erfordert, verfällt Opfermann in breitestes Ottakringerisch, einen Dialekt, den die untersten Schichten der Bevölkerung und der Galerie verwenden. Er erzählte mir Geschichten und Anekdoten, die in sein Buch keine Aufnahme fanden und von denen ich jetzt mit seiner Erlaubnis einige wiedergeben will. Eine der amüsantesten Begebenheiten ist die folgende:

Eines Tages erschien im Kommissariat in der Grubergasse Alfred Str. und wollte Inspektor Opfermann sprechen. Alfred Str. war ein Ganove der abgebrühtesten Art, täowiert von den Fingerspitzen bis zu den Fußsohlen, mit mindestens 15 Jahren „Häfen" (Gefängnis) auf der Latte.

„Fredl, was machst denn du freiwillig da?" begrüßte ihn Opfermann. „Hast was ausg'fressen, was wir no gar net wissen?"

„Naa, Herr Inschpekta, i bin jetzt sauber, des letzte Schmalz, zu dem sie mir verholfen ham, hat mir g'reicht. Und weil i jetzt sauber weitermachen will, bin i zu ihna kumman. I hättat jetzt de Tschans (Chance), a anständiges Lebn anz'fangen. Weil i hab' da a Frau kennang'lernt, a Frankistin, und mit dera könntat i an Hausmastapostn kriagn."

„Na, und was hält dich davon ab, beziehungsweise – was soll ich dabei machen?" wollte Inspektor Opfermann wissen.

Fredl druckste herum. „Wissen S' Herr Inschpekta, anständig wern is gar net so leicht. Sie machen Ihna gar ka Vurstellung, welchane Prügel an da in' Weg g'legt wern. Ich brauchat halt jetzt unbedingt 15.000 Schilling, als Sicherstellung …"

„Da bist bei mir heut' net ganz richtig, soviel Geld hab' ich leider net bei mir, weil i mir grad zwa Flugzeuge 'kauft hab'."

„Aber Herr Inschpekta, ich will do bei Ihna net babeln", sagte Fredl bestürzt und in Sorge, der Herr Inspektor könnte sich angeschnorrt vorkommen. „Des is mir eh klar, daß Sie aa net so vül Geld ham … I hab' mir nur denkt, ob Sie net vielleicht was für mi tuan könntn, daß i an Kredit wo kriagn könnt'. Ich brauch' des Geld wirklich und wüll net auf de übliche Art dazuakumman. I maan, des Anständigwern kann ma ja net mit an ‚Bruch' oder so was anfangan."

„Wie stellst du dir denn das vor, Fredl – glaubst i bin a Zauberer?" fragte Opfermann innerlich amüsiert, denn unter seinen Kollegen und Mitarbeitern hatte er wegen seiner oft unglaublichen Erfolge den Spitznamen „Zauberer" bekommen. Sollte Fredl wissen, fragte sich der Inspektor, daß seine Tochter in der größten österreichischen Bank beschäftigt war? Um dies herauszufinden sagte Opfermann: „Wie kommst du denn ausgerechnet auf mich, warum sollte grad ich dir einen Kredit verschaffen können?"

„Na ja, i waas eigentlich a net genau, warum, aber i kenn' ja nur wenig Franke so guat wia Ihna. Wann ma a net auf der gleichen Seiten im Leben stengan, hab' i trotzdem immer an Respekt und a Achtung vur Ihna g'habt. I kann's net sagn, was es is', aber i hab' des sichere G'fühl, daß Sie mir helfen kennan. Sie ham scho unmögliche Sachen möglich g'macht. Wann's Ihna immer wieder gelingt, daß mi einebringan, dann müaßaten S' as a schaffen kennan, daß i heraußn bleib' und nimmer einekumm. I wissat wirklich sunst kan Menschen, der mia da helfen kenntat".

Opfermann war fast gerührt vom naiven Glauben an ihn, hütete sich aber wohlweislich, dies erkennen zu lassen. „Willst mi legn, Fredl?" fragte er sein plötzlich zum Schützling gewordenes Gegenüber. „Da ist doch irgend a Schmäh dabei … Fredl, du weißt, daß du mir nix vormachen kannst, also heraus damit, wo is' der Haken, des dicke Ende?"

Jetzt tat Fredl etwas, wovon er nur selten Gebrauch machte. Er sagte: „Herr Inschpekta, i gib Ihna mei ‚Pülcherwurt', i hab' nix vur. Mei ‚Pülcherwurt' gib i Ihna a, daß i den Kredit, wann i eahm kriagat, pünktlich z'ruckzahln werd'."

Jetzt wußte der Inspektor, daß Fredl es ernst meinte, daß es keinen doppelten Boden gab. Denn im Unterschied zu den sogenannten anständigen Bürgern, die oft viel versprechen und wenig halten, war es bei den Angehörigen der Galerie ein ehernes Gesetz, einmal gegebene Versprechen auch einzuhalten.

„Also paß auf, Fredl", sagte Opfermann und wies ihm einen Sessel zu, „du hast vielleicht a Glück bei mir, ich kann dir unter Umständen wirklich den Kredit verschaffen – wart ein bißl!" Damit ging ins Nebenzimmer und rief er seine Tochter in der Bank an. „Glaubst du", fragte er sie, „du könntest einen Kredit vermitteln, wenn ich dafür garantiere?" Die Tochter hatte keine Bedenken, und Opfermann kehrte befriedigt zu Fredl zurück. „Mir scheint, Fredl", verkündete Opfermann, „du hast ein Massl. Wie es ausschaut, wirst du den Kredit wirklich kriegen. Paß auf, du fahrst in die Stadt, zum Schottentor, dort ist die Hauptanstalt einer großen Bank. Dort verlangst du die Frau Meier, und die wird dir dann weiterhelfen. Die Dame ist vollständig informiert, und es wird alles glattgehen. Ich weiß zwar net, ob das richtig ist, was ich da mach', aber glaub mir – für dich wär' es nicht gut, wenn du mein Vertrauen mißbrauchen tätst."

Dem Ferdl, der sonst nicht um Worte verlegen war, verschlug es die Sprache. Nach einer Weile stammelte er mit feuchten Augen: „Des gibt's net … aber i hab's ja g'wußt … i hab' g'wußt, daß der Inschpekta a Mensch is." Er sprang auf, umarmte Opfermann und drückte dem völlig Verdutzten einen Kuß auf die Wange. Einem sehr aufmerksamen Beobachter der Szene wäre vielleicht der feuchte Glanz in den Augen der beiden Männer aufgefallen, obwohl beide bemüht waren, ihre Emotionen nicht zu zeigen. Und mit ganz weicher Stimme sagte Fredl: „Mei Wurt, mei Pülcherwurt, Herr Inschpekta …in Häfen kumm' i nimmer!"

Damit war alles gesagt worden. Alfred Str. bedankte sich nochmals, verabschiedete sich und überließ Fritz Opfermann der Routine des kriminalistischen Papierkrams.

Einige Stunden später klingelte das Telefon. Am Apparat war Opfermanns Tochter, und die erzählte, noch immer atemlos vor Aufregung, was sich bei Fredls Besuch in der Bank abgespielt hatte.

Fredl war noch am selben Tag in die Bank gekommen; er benötigte das Geld wirklich dringend. Entweder hatte er es jedoch nicht für nötig gehalten, oder er war nicht mehr dazugekommen – er erschien jedenfalls in seinem gewohnten „Outfit" im marmornen Kassensaal der Bank. Dieses Outfit bestand aus abgewetzten Jeans, Cowboystiefeln und einem ausgeschnittenen Ruderleibchen, das seinen muskulösen Oberkörper nur unzulänglich bedeckte. Die bloßen Stellen seines Körpers leuchteten im Blau der Tätowierungen. Die anderen Bankkunden sahen ihm irritiert nach. In schönstem Ottakringerisch erkundigte sich Fredl nach der Frau Meier. Möglicherweise verstanden ihn die Angestellten nicht auf Anhieb – Fredl wurde laut und verkündete, daß eine Frau Meier auf ihn warte, um ihm 15.000 Schilling zu übergeben. Die Konfusion näherte sich langsam ihrem Höhepunkt. Ein besonnener Mitarbeiter der Bank führte Fredl erst einmal in ein abgelegenes Bürozimmer, um einen Eklat zu vermeiden und um abzuklären, worum es überhaupt ging. Als dann Frau Meier, die Tochter Fritz Opfermanns, endlich erschien, nahm die Sache ihren geplanten Gang. Fredl erhielt auf Grund der Haftung seines früheren Verhafters den Kredit in der gewünschten Höhe und wurde in der Folge wirklich nicht mehr straffällig. Er zahlte den Kredit in der vorgesehenen Zeit zurück und verschwand für die Kriminalisten von der Bildfläche.

Eines Tages hielt neben Inspektor Opfermann, der gerade seinen Dienst versah, ein Rolls-Royce. Hinter dem Steuer saß Fredl und begrüßte seinen ehemaligen Wohltäter mit den Worten „Grüß' Sie, Herr Inschpekta! Wo wollns denn hin, derf i Ihna a Stückl mitnehman?"

Opfermann erkannte den Alfred trotz der ungewohnten Kleidung, die vom Maßschneider stammen mußte. Neugierig, wie der Mann zu diesem Wohlstand gekommen war, nahm er das Angebot an und stieg in die Luxuskarosse. Freundschaftlich schüttelten sie sich die Hände. Doch nun konnte sich Opfermann eine Frage nicht verkneifen: „Na, die 15.000 Schilling dürften ja ganz schöne Zinsen getragen haben. Du hast ja ganz schön was draus g'macht. Das alles kann ma sich als Hausmeister verdienen?"

„Naa, naa – des mit den Posten hat net lang dauert, die Frau hat's mit mir a net lang ausg'halten", erwiderte lächelnd der Rolls-Royce-Besitzer, „mia san wieder ausanandg'angen. I hab' jetzt in Hamburg a paar Pferderl rennen, es geht mir ganz guat, wia Sie segn."

Im Laufe des Geprächs erfuhr der Inspektor, daß Fredl offenbar der wichtigste Mann in der Österreicher-Kolonie am Hamburger *Kietz*, dem Vergnügungsviertel der Hansestadt, geworden war. Er leitete sein „Unternehmen", und das war der geniale Trick, von Wien aus. Mit einem Hamburger, der die gleiche Profession von Hamburg aus in Wien betrieb, pflegte Fredl einen regen Informationsaustausch, der vor allem die Mädchen im jeweiligen Ausland betraf. So konnte die Geschäftsgebarung der schutzbefohlenen Damen wirksam kontrolliert werden. Das gute Einkommen, das Fredl durch seine Unternehmungen in Hamburg hatte, wurde in Immobilien und Wertgegenständen wie Kunstwerken, Edelsteinen und Schmuck angelegt. Über den Ankauf dieser Gegenstände führte Fredl penibel Buch und hob alle Rechnungen und Belege sorgfältig auf, um sie bei Bedarf vorweisen zu können. Es gelang der Polizei, selbst bei überfallsartigen Kontrollen, nie mehr, Fredl eine unrechtmäßige Erwerbung nachzuweisen.

Eine andere, nicht minder amüsante Geschichte ist die folgende: Der Umgang von Kriminalbeamten mit ihrer Klientel war nicht immer der nobelste. Die Geschichte spielt dazu in der Zeit vor Christian Brodas Reformen, als in den Kommissariaten noch ein gewissermaßen bodenständiger Konversationston herrschte. Das Verwenden des freundschaftlichen Du im Zuge von Verhören war durchaus der Brauch, ebenso hin und wieder eine Berührung, die nur von wehleidigen und rachsüchtigen Gesellen als grob bezeichnet werden konnte. Das wußten die Gauner und fanden es zum Großteil auch in Ordnung. Die Regeln waren bekannt und wurden akzeptiert. Um zu Ergebnissen bei Befragungen und Verhören zu kommen, bediente man sich nicht immer fairer Mittel. Man verhörte zum Beispiel Verdächtige – allerdings nur „alte Bekannte" – ununterbrochen, wobei man sich mit den Kollegen abwechselte. So etwas konnte schon mehrere Stunden dauern, ohne daß gegessen, getrunken oder geraucht werden durfte.
Mit diesen und noch anderen, rüderen Methoden sollte es nach dem Willen des Justizministers Broda ein Ende haben. Es ergingen Erlässe, denen zufolge den Verdächtigten mehr Rechte eingeräumt wurden. So wurde verfügt, daß „Gesprächspartner" nur mehr per „Sie" angesprochen werden durften; auch hatte man ihnen eine Sitzgelegenheit zu bieten. Die Belehrung Verhafteter über ihre Rechte, wie wir sie alle aus amerikanischen Filmen kennen, wurde zur Pflicht gemacht. Und jeder zum Verhör Vorge-

führte hatte nach einer halbstündigen Befragung das Recht auf zehn Minuten Pause.

Da gab es einen wirklich unbedeutenden kleinen Gauner, der sich durch mehrere Einbrüche der Polizei bekannt gemacht hatte. Diese Einbrüche, im Gaunerjargon „Bruch" genannt, geschahen immer nach demselben Muster. Auffällig war, daß der Ganove nur im Vollrausch einbrach und deshalb selten nennenswerte Beute machte. Es war also nicht schwer, seiner habhaft zu werden oder ihm einen „Bruch" nachzuweisen.

Nun war es wieder einmal so weit. Man hatte den kleinen Gauner in seiner Wohnung festgenommen und ins Kommissariat gebracht. „Herr Groß – was haben S' denn da schon wieder g'macht, hat sich denn das ausgezahlt?" fragte der verhörende Beamte väterlich und bot ihm einen Sessel an.

Kurt Groß tat, als ob er von nichts wisse, und betrachtete ungläubig die Beamten. Dann setzte er sich.

„Na dann, fangen wir halt an!" sagte einer der Kriminalisten. „Herr Groß, wir machen Sie darauf aufmerksam, daß zu der folgenden Befragung eine Person ihres Vertrauens hinzugezogen werden kann, wenn Sie es wünschen."

Groß' Miene zeigte das höchste Unverständnis. Mit großen, unschuldigen Augen betrachtete er den Beamten und das ihn umgebende Ambiente. Er rückte auf dem Sessel unruhig hin und her, als erwarte er irgend etwas Unvorhersehbares. Man konnte seine Aufmerksamkeit fast spüren, als der Kieberer fortfuhr: „Falls Sie nach einer halben Stunde Müdigkeit oder Ermattung verspüren sollten, steht Ihnen eine Pause zu. Aber jetzt zum Grund unseres gemütlichen Zusammenseins: Sie werden doch den ‚Bruch' nicht leugnen, er trägt Ihre Handschrift."

Groß unterbrach den Beamten: „Immer wann es kan andern finds, bin i des g'wesen, des is wirklich unfair. Allaweil bin i des!"

„Aber Herr Groß, wir haben doch ihre Fingerabdrücke. Herr Groß, Sie würden das ganze sehr vereinfachen, wenn Sie diesen Einbruch zugeben würden. Na, Herr Groß, legen Sie nieder!"

Da hielt es Groß nicht mehr länger aus. Er schlug mit der Faust auf den Tisch, griff sich an den Kopf und brüllte: „Sads es alle deppert wurn, hams euch ins Hirn g'schissen, seit wann gibt's denn bei da Heh an Herrn Groß? Jahrelang war i bei euch immer des Arschloch, und auf amal bin i der Herr Groß? Bin i deppert, oder wollts es mi in Guglhupf bringan? Da stimmt do was net. Aber mit den Schmäh packts es mi net. I sag' ka Wurt, bevur i net wieder da Kurtl bin und mei erste Tetschen g'fangt hab'!"

Ob seinem Ansinnen entsprochen wurde, wird leider nicht berichtet.

Die letzte Geschichte aus dem Dunstkreis Fritz Opfermanns hat zwar keinen kriminalistische Hintergrund, paßt aber, da sie so herrlich Ottakringerisch ist, bestimmt in dieses Buch. Wie mir Professor Friedrich Opfermann – er wurde vom Bundespräsidenten für seine Verdienste mit dem Berufstitel Professor ausgezeichnet – erzählte, gab es einmal in Ottakring einen herzigen zehnjährigen Knaben mit blonden Locken. Diese Locken waren es, die viele Leute veranlaßten, den Knaben anzusprechen. Ein Gemüsehändler, auf gut Ottakringerisch *Kräutler*, hatte den Buben besonders ins Herz geschlossen und schenkte ihm jedes Mal, wenn dieser am Gemüsegeschäft vorbeikam, einen schönen Apfel. Der *G'schrapp* war schon so clever, daß er weite Umwege in Kauf nahm, um am Gemüsegeschäft vorbeizukommen.

Eines Tages war der liebenswürdige Viktualienhändler nicht mehr da. Ein fremder Mann stand im Laden und fragte den Blondschopf nach seinem Wunsch.

„Ist der andere Herr nicht mehr da?" fragte der Bub schüchtern.

„Na, jetzt bin i da. I hab' des G'schäft 'kauft – warum willst denn des wissen?"

„Der Herr, der vor Ihnen da war, war immer so lieb und hat mir einen Apfel g'schenkt ..."

Unwirsch unterbrach der neue Kräutler den Buben: „Ja, glaubst du vielleicht, des geht so weiter, bei mir kannst nix erben, i hab' ja mei Geld net g'stohln. Wannst an Apfel habn willst, dann muaßt dir an kaufen, merk dir des!"

Der Knabe stotterte, verschüchtert von der barschen Redeweise: „Was haben Sie gesagt, bitte?"

„Daß du dir merken sollst, daß es bei mir nix g'schenkt gibt. Gratis kannst bei mir höchstens a Watschen ham, hast verstanden?

Nun stieg in dem Buben verhaltene Wut auf, doch er tat schüchtern, als er fragte: „Darf ich noch etwas sagen, bitte?"

146

„Na, dann sag halt was", sagte, fast schon gütig, der Händler.
„Leck mi am Oarsch!" rief der Bub, drehte sich blitzschnell um und lief, ohne sich umzudrehen, davon.
Ich glaube, kein Geheimnis zu verraten, wenn ich Ihnen die Initialen des Knaben nenne. Sie lauten „F. O.".

Originale, Sonderlinge und Individualisten fanden in Ottakring schon immer ein Dorado, um nach ihrer Fasson leben zu können. Der russische Fürst Dimitri Galicin (oder Gallitzin) erwarb schon Ende des 18. Jahrhunderts große Teile des Berges, der damals Predigtstuhl genannt wurde. Dieser etwas exzentrische Mann ließ auf diesen Gründen ein Schloß bauen und Teiche und Gärten anlegen. Im Park ließ er eine Römische Ruine (ein romantisches Bauwerk, wie man es auch im Park von Schönbrunn sehen kann) und den noch bestehenden Rundtempel errichten. Galicin erfreute sich bei den Ottakringern größter Beliebtheit, zeigte er sich doch sehr generös, und das nicht nur bei seinen ausschweifenden Festen. Er sanierte die Gemeinde durch seine zahlreichen Grundkäufe und großherzigen Spenden. Leider starb dieser russische Ottakringer bereits 1793, worauf sein Anwesen nach mehreren Besitzerwechseln durch die Familie Montleart erworben wurde.
Nahe dem Schloß des Fürsten Galicin im Liebhartstal hatte der berühmte Maler Oskar Kokoschka ein Haus. In dieser Villa in der Liebhartstalstraße 29 wohnten jedoch die meiste Zeit Familienangehörige, da sich Kokoschka nur selten in Wien aufhielt. Sein Bruder Bohuslav (nach anderen Informationen: Otto) wurde eine bezirksbekannte Erscheinung, die ihre Wege in die Stadt meistens zu Fuß zu absolvieren pflegte, wobei sie durch das Tragen eines sombreroartigen Hutes den Ottakringern besonders auffiel. Viele ältere Bezirksbewohner können sich noch an den seltsamen Mann erinnnern, der, aus dem Liebhartstal kommend, durch Ottakring und Neulerchenfeld dem 8. Bezirk zustrebte. Über seinen Bruder Oskar erzählte man sich geheimnisvolle Dinge, die hier zu erörtern jedoch nicht der Platz ist. Jedenfalls hielt sich Oskar Kokoschka lange genug in Ottakring auf, um ein Gemälde Wiens vom Wilhelminenberg aus zu schaffen. Dieses Gemälde hing lange Zeit im Büro des ehemaligen Bürgermeisters Helmut Zilk und ist heu-

te im Historischen Museum der Stadt Wien zu sehen. Eine Kopie des Bildes kann man im Schloß Wilhelminenberg bewundern.

Dem Liebhartstal kommt auch die Ehre zu, den letzten Ottakringer Bauern beherbergt zu haben. Dieser Bauer trieb sein Vieh auf den Steinhofgründen auf die Weide, baute Wein, schenkte ihn auch aus oder verkaufte ihn in Doppelliterflaschen an die Konsumenten. Eines Tages fand man diesen letzten Ottakringer Bauern erschlagen auf. Sein Mörder wurde bis heute nicht gefunden.

Meiereien allerdings gab es noch bis in die Zeit nach dem Zweiten Weltkrieg. Die letzte ihrer Art befand sich in der Bachgasse unterhalb der Feßtgasse. In der Mayssengasse gab es noch bis in die 50er Jahre einen Schweinezüchter, der sein Gewerbe, von Bürgerprotesten ungerührt, betrieb. Damals war das Gebiet, durch das penetranter Gestank zog, schon dicht verbaut. Doch da fällt mir eine Geschichte ein, die mir von einem ehrenwerten und durchaus glaubwürdigen Ottakringer erzählt wurde, und die wiederzugeben ich mir nicht verkneifen kann.

Ich muß vorausschicken, daß Ottakring den hygienischen Standards lange hinterherhinkte. Die wenigsten Toiletten besaßen damals Siphons, also wellenförmig gebogene Abflußrohre aus Keramik, in denen stets das Wasser stand, wodurch Geruchsbelästigungen verhindert wurden. Die Ottakringer Aborte waren vielmehr eine Kiste, die oben eine kreisrunde Öffnung besaß. Ein pfeifenartiges Rohr aus Gußeisen bildete die Verbindung zum Kanal. Es gab auch keinen Spülkasten, sondern es mußten Unmengen von Wasser händisch nachgeschüttet werden. Diese Konstruktion verbreitete nicht nur unangenehme Gerüche, sondern machte es auch den Ratten einfach, in die Häuser zu kommen.

So erschien eines Tages eine aufgeregte Frau in der Wachstube Hubergasse und schrie dem diensttuenden Wachebeamten zu: „Herr Inspektor, bitte kummen S' schnell, helfens mein' Mann ... a Ratz hat eahm bissen!"

Das Amtsorgan setzte seine Pickelhaube auf und bewehrte sich mit dem obligaten Säbel, um der aufgeregten Hausfrau beizuspringen. Beide eilten ins Nachbarhaus, wo das Paar wohnte, und stürmten auf die Toilette. Dort bot sich ihnen ein unvergeßlicher Anblick: Der Herr des Hauses hatte die Hosen heruntergelassen und versuchte, durch heftige Schüttelbewegungen eine Ratte loszuwerden, die sich in sein Gesäß verbissen hatte. Sein Gesicht war schmerzverzerrt. Der Wachmann zog geistesgegenwärtig seinen Säbel und schlug mit der Breitseite auf den Nager ein. Die Ratte ließ darauf von ihrem Opfer ab und wurde mit einem zweiten Säbelhieb erschlagen. Wenn man bedenkt, in welche sensible Stelle das Tier sich noch hätte verbeißen können, kann man bei diesem Vorfall noch von Glück im Unglück sprechen.

Um noch eine bemerkenswerte Ottakringer Figur zu erwähnen, sei noch von der *Paula-Tant'* berichtet. Diese Dame war die Witwe des Tanzmeisters Thumser und führte das Unternehmen ihres Mannes weiter. Das Unternehmen befand sich in der Neulerchenfelderstraße, in einem Haus, das einst die Adresse des berühmten Wirtshauses *Zur blauen Flasche* gewesen war. Später hatte man es zu einem Kino umfunktioniert, und schließlich beherbergte es eine Tanzschule. Diese Tanzschule führte Frau Thumser – für Eingeweihte die Paula-Tant' – mit sicherer Hand. Die Paula-Tant' war, wie es sich für eine Tanzschulenbesitzerin gehört, eine distinguierte Dame; finanziell schwachgestellten Besuchern pflegte sie das Eintrittsgeld zu erlassen.

Diese Tanzschule hatte einen schönen Garten, der mit einer betonierten Tanzfläche ausgestattet war. Dieser Garten, der ehemalige Wirtshausgarten der *Blauen Flasche*, war ein Anziehungspunkt für die tanzbegeisterte Jugend der Nachkriegszeit. Bekamen die Tänzer Durst, wechselten sie zwanglos in ein über der Straße gelegenes Wirtshaus, von wo sie nach ein, zwei Gläsern wiederkehrten. Es konnte allerdings passieren, daß einige der jungen Herren ein Glas zuviel hatten, und wenn es dann noch passierte, daß einer dem anderen in die Hosenstulpe stieg, war rasch der Anlaß zu einer Rauferei gefunden.

Der Kabarettist Gerhard Bronner nahm mehrere Zeitungsmeldungen über Raufereien zum Anlaß, seinen berühmten *Gschupften Ferdl* zu schreiben. Das Lied, das zweifellos seine Qualitäten hat, sorgte aber bei der Paula-Tant' für Verstimmung. Sie ließ gerichtlich verfügen, daß die Strophe, in der der Name Thumser vorkommt, geändert werden mußte. Seither sang Gerhard Bronner: „Denn beim ‚Wurmser' (oder Wimmer) draußt in Neulerchenfeld ist Perfektion …"

Dabei war das, was sich beim Thumser zwei- oder dreimal im

Hier blieb die Zeit stehen

Monat ereignete, noch harmlos. Es gab in Wien Tanzschulen, in denen handgreifliche Auseinandersetzungen an der Tagesordnung waren.

In der Zwischenkriegszeit entstanden an vielen Punkten der Peripherie Wiens kleine Schrebergartenanlagen, die nicht zuletzt der Versorgung der Wiener mit Obst und Gemüse dienen sollten. Eine solche Kleingartensiedlung gab es auch in Ottakring, im Gebiet zwischen Maroltingergasse, Gutraderplatz und Steinbruchstraße. Diese Kleingartensiedlung nannte sich *Wohlfahrt* und besaß, da die Hütten in den Gärten ein längeres Verweilen bei Gewittern und Regengüssen nicht zuließen, ein sogenanntes Schutzhaus. In diesem Schutzhaus wurden allwöchentlich auch Tanzveranstaltungen abgehalten, die sich allgemeiner Beliebtheit erfreuten. Aus den angrenzenden Bezirken, aus Breitensee, Hernals, Dornbach und Fünfhaus kam die Jugend, um sich für ein paar Stunden zu amüsieren. Man ging damals *am Schwung*, wie man die Tanzveranstaltungen nannte, und im Falle der Kleingartensiedlung Wohlfahrt konnte man sogar von „*Schwung*voller Wohlfahrt" sprechen. Leider blieb es nicht immer bei der Wohlfahrt. Dem Alkohol wurde meist kräftig zugesprochen, und oft genügte der Versuch, einem anderen Tänzer das Mädchen abzuengagieren, um aus der tanzenden Masse eine „kritische Masse" zu machen. Dann bedurfte es nur einer Kleinigkeit, um eine Rauferei auszulösen. Geschont wurde nichts und niemand, außer vielleicht die Sakkos. Es konnte vorkommen, daß zwei Streithähne vereinbarten, ihre Sakkos unangeastet zu lassen, denn meistens – der *Schwung* war eine typische Veranstaltung der Nachkriegszeit – waren es ihre einzigen. Um so verbissener trachtete man denn auch, das gegnerische Sakko zu beschädigen, denn damit konnte man den Gegner am härtesten treffen.

Der Traditionsheurige „10er Marie"

Hier wird das Wienerlied gepflegt

Ottakring und der Heurige

Dieses kleine Buch wäre unvollständig, würde es nicht auch von einer Wiener Einrichtung erzählen, die auch für Ottakring einen ganz besonderen Stellenwert hat. Kein anderer Wiener Bezirk mit ähnlicher Bevölkerungsdichte kann sich rühmen, inmitten seines Gebietes echte Heurige zu beherbergen. Ich weiß schon, Döbling hat mehr und berühmtere solcher Einrichtungen, und der 21. Bezirk kann in Stammersdorf ein Vielfaches an Buschenschenken aufweisen. Auch Favoriten mit seinem Bezirksteil Oberlaa spielt im Verein der Heurigenorte eine gewichtigere Rolle als Ottakring. Ottakring hat jedoch all diesen Bezirken voraus, daß man Heurige selbst auf dichtverbautem Gebiet findet, während sie in den anderen Bezirken eher an deren Rändern angesiedelt sind. So findet man Heurige mitten unter Gemeindebauten, die fast Hochhausdimensionen haben. Sie wirken wie aus einer vergangenen Epoche, die schmucken Winzerhäuser der *Zehner Marie* und des *Haimböck-Kellers*. Gleich oberhalb befindet sich der *Stippert*. Stätten urwienerischer Lebensart finden sich auch in der Speckbachergasse, in der Brüßlgasse, in der Paltaufgasse und in der Arltgasse. Draußen, im Liebhartstal, kann man einen der echtesten Wiener Heurigen überhaupt entdecken. Dort sitzt man im Sommer unter Obstbäumen auf Bänken, die mitten im rasenbedeckten Garten stehen. Am Abend werden echte Petroleumlampen auf die Tische gestellt, und weder der Wein noch das Buffet lassen einen Wunsch offen. Aus Fairness den anderen Heurigen gegenüber, die selbstverständlich alle ganz wunderbar sind, nenne ich nur die Anfangsbuchstaben dieses meines Lieblingsheurigen: „Ch. R.". (Ein guter RATH, gehen Sie einmal hin.) Gleich neben diesem Ottakringer Unikat findet sich ein sogenannter Nobelheuriger mit terrassenförmig angelegtem Garten und herrlichen Blumen. Beide Lokalitäten haben vieles für sich. Lockt der eine mit naturbelassenem, urigem Garten und familiärer Bedienung, so bietet der andere seinen Gästen neben professioneller Bedienung auch einen wundervollen Garten und ein Buffet, das seinesgleichen sucht. Der Leser möge selbst entscheiden, welche Art, den Wein zu genießen ihm mehr behagt. Die Weine sind in

In Erwartung der Gäste

Alter Ort *im 19. Jahrhundert*

beiden Schankorten von hoher Qualität und laden zum längeren Verweilen ein. Weiters gibt es noch einige Buschenschenken in der Johann-Staud-Straße, die wegen ihrer Aussicht auf Wien sehr reizvoll sind und empfohlen werden können.

Weingärten gibt es leider in Ottakring, das einst wie Sievering oder Salmannsdorf vom Wein lebte, kaum mehr. Das hat aber die Ottakringer nicht daran gehindert, weiterhin ihren Wein in Ottakring zu trinken. Dieses Bedürfnis stillen einige wenige Nachkommen früherer Weinbauern. Da in Ottakring nicht mehr genug gebaut wird, wird Wein aus bezirksfernen Rieden geschenkt. So hat zum Beispiel ein Heurigenschank an der Johann-Staud-Straße seine Weingärten am Nußberg beim Kahlenbergerdorf. Die beiden Schenken im *Alten Ort*, die sich jetzt in einer Hand befinden, kredenzen Weine aus Neustift und Salmannsdorf. Doch soll es dem Vernehmen nach noch Wirte mit original Ottakringer Weinen geben. Wenn man den Gallitzinberg aufwärtsschreitet, sieht man zwischen den Villen und Schrebergärten hin und wieder noch Rudimente von Weingärten. Am Südosthang des Berges sind gegen den Flötzersteig zu meines Wissens noch die größten zusammenhängenden Weingartenanlagen zu sehen. Welch kümmerliche Reste des einstigen Bestandes! Wie in den früheren Kapiteln geschildert, war Ottakring ähnlich dem heutigen Stammersdorf gerade durch seinen Weinbau gekennzeichnet. In der Ottakringer Straße war noch zu Beginn unseres Jahrhunderts fast jedes Gebäude ein Winzerhaus und damit ein potentieller Heuriger. Das bereits erwähnte Buch von Graudenz zählt allein im Kern des *Alten Ortes* an die 15 Weinschenken auf. Die wichtigsten davon waren:

Auf der Ottakringer Straße 208	der Heurige *Wagner*,
auf 209	*Hahnheiser's Heuriger*,
auf 222	*Weinschank Mandl*,
auf 224	*Zehner Marie*,
daneben die *Weinschenke Josef Haimböck*,
gegenüber sein Bruder *Johann Haimböck*.
Auf der Ottakringer Straße 177	*Fischers Heuriger* und
auf 192	die *Weinschenke Noibinger*.
Dann gab es noch Hauer wie *Schatzinger*, *Weixelbraun*, *Franek*, *Potsch* und *Huber*.

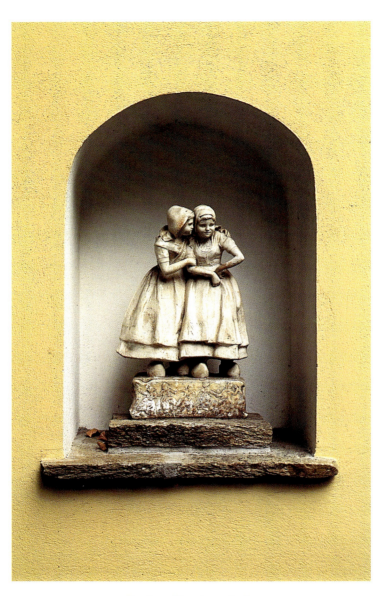

Profane Heurigennische

Viele Wienerlieder entstanden in Ottakring

Sakrale Heurigennische

Viele dieser ehemaligen Heurigen wandelten ihre Buschenschank allmählich in Gasthäuser um. Die Unterschiede zwischen Heurigen und Gastwirtschaften verwischten sich. Eigenbauweine gab es jedenfalls da wie dort.

Doch wie kam es überhaupt zu der wienerischen Institution des Heurigen, der mittlerweile auch in den Bundesländern Einzug gehalten hat?

Der Name leitet sich vom neuen, *heurigen* Wein jedes Jahres ab, der ab dem 11. November, zu Martini, ausgeschenkt werden kann. An diesem Tag wird der Wein der vorjährigen Fechsung zum *Alten* erklärt, der neue Wein getauft und als heuriger Wein ausgeschenkt. Der Name des Weins hat sich dann auf die Produktions- und Ausschankstätte übertragen.

Der Heurige ist der Ort, wo der Wiener einen Großteil seiner Freizeit verbringt. Hier werden geschäftliche Besprechungen abgehalten, Geburtstage prominenter und unbekannter Zeitgenossen zelebriert, hier wird philosophiert und diskutiert, hier wird räsoniert und politisiert. Beim Heurigen werden Ehen beschlossen und beendet, erste Rendezvous abgehalten, geflirtet, gestritten, geliebt und gehaßt. Hier wird so mancher Kummer ertränkt und gleichzeitig sprudelnder Lebensfreude Ausdruck verliehen. Hier wird geweint und gelacht – hier wird einfach gelebt.

Ermöglicht hat dies alles Kaiser Joseph II. Am 17. August 1784 erließ der Monarch eine Verordnung, nach der es den Weinbauern gestattet wurde, ihren eigenen Wein auszuschenken und dazu einfache Speisen zu reichen. Damit wurde sicherlich eine schon lange geübte Praxis sanktioniert, denn von Weinschenken ähnlicher Art wird schon seit dem Mittelalter berichtet. Die Weinbauern, die ihren Wein in Wien verkaufen wollten, mußten beim Passieren der Stadtmauern eine Abgabe bezahlen, weshalb sie es vorzogen, den Wein vor der Stadtmauer auszuschenken. Ein Neulerchenfelder Weinbauer hatte damals die Nase vorn, der kurz nach dem Erlaß Josephs sein Lokal *Zum weißen Ochsen* per Zeitungsinserat bewarb. Vom allgemeinen Angebot der Winzer machten die Wiener also gleich heftigen Gebrauch, denn der Wein und das Essen vor dem Linienwall war erheblich billiger als im Stadtgebiet Wiens. Hier, vor den Stadttoren, entfiel die sogenannte *Verzehrsteuer*, die innerhalb der Mauern für Essen und Trinken zu

Wirtsstube in Ottakring

bezahlen war. Dem Umstand, daß der Weg hinaus bis vor den Linienwall ein manchmal ziemlich weiter war, wurde abgeholfen: Mit Hilfe von Stell- oder Zeiselwagen kamen die Wiener in die Weinorte. Das wiederum förderte neben Ottakring und Neulerchenfeld auch die Vororte Hernals, Sievering, Neustift und natürlich auch Grinzing.

Aber auch der Heurige entwickelte sich: Musiker begannen, in den Lokalen aufzuspielen und trugen so zu einer Entwicklung bei, die durch die *Gebrüder Schrammel* ihren Höhepunkt finden sollte. Das Wienerlied in seiner typischen Form wäre ohne Heurigen nie entstanden. Und hier war es wieder Ottakring, das sich der Bewahrung des Wienerliedes und seiner Traditionen angenommen hat. Im *Bockkeller* am Beginn der Gallitzinstraße hat das *Wiener Volksliedwerk* seinen Sitz und seine Wirkungsstätte. Dort kann man noch die Kunst des *Dudelns,* einer Wiener Abart des alpenländischen Jodelns, hören.

Im Gegensatz zu den berühmten Heurigenorten, wo die Heurigentradition oft durch Talmigemütlichkeit und Pseudorustikalität verfälscht wird, wo das Buffetangebot vom Griechischen Schafskäse über das Roastbeef bis zu Pizzaschnitten reicht, hat Ottakring immer noch eine große Zahl von wirklich echten Heurigen zu verzeichnen. Hier in Ottakring habe ich einen Weinbeißer erlebt, der sein Essen allein mit einem eigens mitgebrachten Besteck verzehrte, einige Achterln dazu trank und mir zwei Stunden lang immer wieder versicherte, daß er beim Heurigen gerne seine Ruhe habe. Er schätze es deshalb auch nicht, von anderen Gästen angesprochen und gestört zu werden.

Sehen Sie, das ist Ottakring! Ein besseres Beispiel für die Mentalität des Ottakringers hätte ich nie erdenken können. So etwas kann man nicht erfinden, das muß man erleben.

Ein gereimtes Beispiel für die simple Klugheit des Ottakringers sei mir noch, bevor ich dieses Buch beende, gestattet.

Programmatisches Heurigenschild

Von Karl Hodina besungener Heuriger

In Vino sanitas*

Unlängst, da war's, bei der Zehner Marie,
Da san grad zwaa g'sessen, genau vis-à-vis.
Der ane trinkt lustig schon zwölf Achteln Wein,
Der andre, der gießt trüab Mineralwasser ein.
Und sagt, wia er stiert mit finsterem Gschau:
„Sie, Herr, seit zwei Stunden seh' ich genau,
Sie schütten ja literweis in sich den Wein,
Des kann do auf Dauer net g'sund für Sie sein!"

„Was manens?" fragt der Trankler ganz bieder
Und greift nach dem Glasel schmunzelnd glei wieder.
„Ich trinke doch täglich zwölf Achteln, so rund,
Und war dabei immer mei Lebtag lang g'sund.
Drum tät' ich auch niemals so tief niedersinken,
A pures Wasser wie Sie da zu trinken.
Im Wein liegt Gesundheit, auch wenn es Sie stört,
Habn S' no nie von an ‚Gsunden Rausch' was gehört?"

„Sie sind ja verblendet", flüstert der andere leise.
„Doch wenn Sie's nicht glauben, ich bringe Beweise!"
Steht auf und verschwind' für 60 Sekunden,
Kummt z'ruck mit an Regenwurm, den er hat g'funden.
Er setzt sich zum Tisch, mit'n Wurm in die Händ'
und sagt: „Jetzt mach' ma a Experiment!"

Er tut den Wurm in sein Glasel versenken,
Der kann sich fröhlich im Wasser verrenken.
Schwimmt lustig und froh im Glasel herum,
Der Trankler schaut zu, verständnislos, dumm.
Drauf nimmt der Mensch den Wurm aus dem Becher,
Und wirft ihn dafür in das Glasel vom Zecher.
Was dem Wurm offensichtlich nur wenig behagt,
Weil er gleich darauf dem Leben entsagt.

* Zu Deutsch: Im Wein liegt Gesundheit

———

„Sie sehn", sagt der Mensch, „der Wurm mit Behagen,
Hat das Baden im Wasser sehr gut noch vertragen.
Doch wie er kam in ihr Glasel mit Wein,
Da ging der Wurm gleich kurz darauf ein.
Der Alkohol war für den Wurm halt verheerend!
Was sieht man daraus?" fragt er weiter belehrend.
„I Waas!" sagt der Trankler, „i bin doch ka Surm,
Wann aner vül sauft, dann kriagt er kan Wurm!"

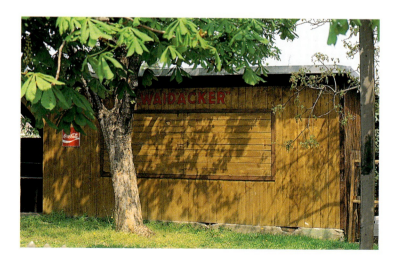

Ottakringer Friedhof

Mag. Dr. Peter Autengruber

Straßen, Gassen und Plätze

Vom Autor des Buches *Lexikon der Wiener Straßennamen nach amtlichen Unterlagen,* Verlag Perlen-Reihe, Wien-München-Zürich, speziell zusammengestellter und bearbeiteter Auszug.

Im 16. Bezirk gibt es insgesamt 229 Verkehrsflächen. Da der Bezirk nicht zum Stadterweiterungsgebiet zählt, ist der Bestand recht stabil. In den letzten acht Jahren wurden lediglich drei (!) Verkehrsflächen neu benannt (Woborilweg 1993, Familienplatz 1992 und Johannes-Krawarik-Gasse 1988).
Eine statistische Auflistung ergibt, daß 25 Namen Ried- bzw. Flurnamen sind, 20 Verkehrsflächen wurden nach Dichtern/Schriftstellern benannt, knapp gefolgt von Politikern (19 Namen).
Anders als in manchen Bezirken ist der Lokalbezug in Ottakring sehr stark:
7 Benennungen gehen auf ehemalige Besitzer des Ottakringer Freihofes zurück, 14 Verkehrsflächen beziehen sich auf Ortsrichter/Bürgermeister der ehemals selbständigen Gemeinden Ottakring und Neulerchenfeld sowie Bezirksräte, 17 Benennungen gehen auf Gemeinderäte von Ottakring/Neulerchenfeld zurück, 3 auf Schulmeister. 20 Verkehrsflächen haben lokalen kirchlichen Bezug, 6 beziehen sich auf Gewässer. Bei weiteren 29 Namen kann ein lokaler Bezug hergestellt werden. Somit haben insgesamt 96 Namen, also fast die Hälfte aller Verkehrsflächen in Ottakring, Lokalbezug.

Gezählt wurden noch 15 Verkehrsflächen, die in Zusammenhang mit dem musischen Bereich und 10, die in Zusammenhang mit Architektur/Malerei/Bildhauerei stehen. Es wurden 7 Schauspielernamen, aber nur 3 Historiker gezählt; aus dem Bereich Botanik und Zoologie kommt jeweils nur ein Name. Damit wurden

197 Verkehrsflächen entschlüsselt, die Differenz auf 229 (32) wird der Rubrik „Diverse" zugeordnet. Falsche Benennungen (z. B. Hofferplatz) oder Verballhornungen (z. B. Kirchstetterngasse) sollen nicht unerwähnt bleiben.

Abschließend sei festgehalten, daß früher Straßenbenennungen oft noch zu Lebzeiten des Betroffenen erfolgten, was heutzutage nicht mehr möglich ist; die sogenannte Interkalarfrist beträgt seit 1989 ein Jahr. Die Herbststraße oder die Hubergasse sind Beispiele für Benennungen noch zu Lebzeiten des Betroffenen.

A

Abelegasse, seit 1856 (1786 Feldweg, 1835 Untere Hauptstraße), Thomas Abele (1798-1869), Gastwirt, Gemeinderatsmitglied

Agricolagasse, seit 1936, Karl Agricola (1779-1852), Kupferstecher, Porträt- und Historienmaler; schuf auch verschiedene Wiener Ansichten.

Albrechtskreithgasse, seit 1888, Flurname, als *Albertsgeräut* 1267 urkundlich erwähnt, wahrscheinlich wurde diese Gegend von einem Albrecht gerodet

Ameisbachzeile, seit 1925, nach dem seit 1908 eingewölbten Ameisbach

Am Predigtstuhl, seit 1971, Flurname

An der Scheibenwiese, seit 1905, nach einer alten Ortsbezeichnung (Holzlagerstätten der Bauern außerhalb des Ortsgebietes)

Arltgasse, seit 1887, Prof. Dr. Ferdinand Ritter von Arlt (1812-1887), 1849-1856 Vorstand der Prager Univ.-Augenklinik, 1856 bis 1883 Ordinarius für Augenheilkunde an der Universität Wien, zählte zu den führenden Augenärzten der Welt; zahlreiche Publikationen (z. B. *Die Krankheiten des Auges*, 3 Bände 1851-1854)

Arnethgasse, seit 1894 (vorher: Wagnergasse), Josef Ritter von Arneth (1791 bis 1863), Historiker, Numismatiker; 1841 Prof. der Numismatik und Altertumskunde an der Universität Wien

Auf der Schottenwiese, seit 1923, Flurname

B

Bachgasse, seit 1864 (vorher: Am Liebhartsgraben), nach dem seit 1847 eingewölbten Ottakringer Bach, der bis 1881 an dieser Stelle allerdings noch offen war

Baldiagasse, seit 1893, Ferdinand Baldia (1817-1869), Baumeister, Gemeinderatsmitglied von Ottakring

Baumeistergasse, seit 1920 (vorher: Roterdstraße), Bernhard Baumeister (1827 bis 1917), Schauspieler, von Heinrich Laube 1852 ans Burgtheater geholt, 1857 Burgschauspieler, 1892 auf Lebenszeit ans Burgtheater engagiert; er hatte 6.299 Auftritte in 494 Rollen

Beringgasse, seit 1904, Gottfried von Bering (1700-1777), Pfarrer von Hernals

Bertoligasse, seit 1883 (vorher: Krebsgasse), Franz Bertoli, Seidenfabrikant, erlegte 1809 die Kontribution (Kriegssteuer zur Erhaltung der Besatzungstruppen) für Neulerchenfeld, womit eine Plünderung durch die Franzosen unterblieb

Blümelhubergasse, seit 1936, Michael Blümelhuber (1865-1936), Bildhauer, Stahlschneider, gilt als Erneuerer der im 16. und 17. Jhd. blühenden Technik des Stahlschnittes; schuf vor allem religiös-liturgische Werke

Blumberggasse, seit ca. 1850, die altansässige Familie Blumberg besaß einen Hof (*Blumberghof*) in Ottakring (Abelegasse 25)

Brestelgasse, seit 1833, Dr. Rudolf Brestel (1816-1881), Assistent an der Wiener Sternwarte, Professor der Elementarmathematik, setzte sich 1848 für die freiheitlichen Ideale ein und wurde des Amts enthoben, 1861 Mitglied des NÖ Landtags, 1867-1870 Finanzminister

Brüßlgasse, seit 1883, Franziska Brüßl (1793-1855), Mitgründerin des Ottakringer Kirchenbaufonds, Wohltäterin

Brunnengasse, seit 1873 (vorher: Untere Zwerchgasse und Elisabethgasse), Kaiser Joseph II. bewilligte der Gemeinde Neulerchenfeld die Benützung der Hofwasserleitung zur Versorgung der Gemeinde mit Trinkwasser. Ecke Brunnengasse und Neulerchenfelder Straße wurde ein öffentlicher Auslaufbrunnen errichtet (*Monumentalbrunnen*), welcher von 1786 bis 1871 bestand; das Bassin wurde aus Platzgründen 1871 in die Grundsteingasse verlegt; der Obelisk mit Reliefbild des Kaisers stand von 1880 bis 1918 auf dem Hofferplatz

C

Chlumberggasse, seit 1959, Hans Chlumberg (1897-1930), expressionistischer Dramatiker und Lustspieldichter (*Eines Tages*)

D

Dampfbadgasse, seit 1894 (vorher: Schubertgasse), nach einem Dampfbad, das der Industrielle Johann Schuberth als Volksbad errichtet hatte (*Katharinenbad*)

Degengasse, seit 1868, nach der alteingesessenen Familie Degen; Ferdinand Degen (1831-1889), Gründer und Hauptmann der Ottakringer Feuerwehr, Gemeinderat

Degenruhe, seit 1890, siehe *Degengasse*

Dehmelgasse, seit 1930, Richard Dehmel (1863-1920), Lyriker und Dramatiker, Herausgeber der Zeitschrift *Pan*

Deinhardsteingasse, seit 1894 (urspr.: Auf der Schanze, ab 1853 Rittergasse), Johann Ludwig Deinhardstein (1790 bis 1859), Schriftsteller, Bühnendichter, Redakteur der *Wr. Jahrbücher der Literatur*, Leitung des Hofburgtheaters

Demuthgasse, seit 1936 (1938-1945 Strigelgasse), Leopold Demuth (1860-1910), Bariton der Wiener Hofoper

Dettergasse, seit 1884, Leopold Detter (1821-1867), Baumeister, Gemeinderatsmitglied, erbaute u. a. das Schulhaus beim Weißen Kreuz (1852) und das Armenhaus (1856)

Dinsfüßlweg, seit 1970, Hans Dinsfüßl, war um 1550 erster Schulmeister Ottakrings

Dürauergasse, seit 1914 (vorher tw. Albrechtskreithgasse), Franz Dürauer (1816-1872), Schuldirektor und Wohltäter in Hernals

Dustmannweg, seit 1936, Marie Louise Dustmann-Meyer (1831-1899), Opernsängerin; seit 1857 an der Wiener Hofoper (Wagner-Sängerin; stand mit Richard Wagner auch brieflich in Verbindung)

E

Eckmüllnergasse, seit 1894 (vorher: Krongasse), Lorenz Eckmüller (gest. 1663), 1650-1655 Ortsrichter von Ottakring; in der Eckmüllnergasse befand sich bis 1900 das Amtshaus des 16. Bezirks

Eduard-Hanslick-Gasse, seit 1932, Dr. Eduard Hanslick (1825-1904), Musikkritiker, Musikhistoriker; Univ.-Prof. für Ästhetik und Geschichte der Tonkunst 1861 bis 1895; Förderer von Johannes Brahms, Gegner von Richard Wagner

Effingergasse, seit 1888 (vorher: Montléartgasse), Pauline Baronin Effinger von Wildegg (1808-1905), Wohltäterin; Erzieherin der Prinzessin W. Montléart

Eisnergasse, seit 1894 (vorher: Leopoldigasse), Georg Eisner (1803-1858), Gastwirt, Ortsrichter und Bürgermeister von Ottakring

Enenkelstraße, seit 1894 (vorher: Breitenseer Straße), Hans von Enenkel (1190 bis 1250), Angehöriger einer vermögenden Wiener Familie, Chronist, verfaßte eine 9.000 Verse umfassende *Weltchronik*, die im Mittelalter sehr beliebt und verbreitet war, sowie ein 4.200 Verse umfassendes *Fürstenbuch*

Engilgasse, seit 1971, Engil von Ottakringe war im 13. Jahrhundert Freihofbesitzer

Erdbrustgasse, seit 1883, urkundlich 1524 bestätigter Flurname (Erdbrust = Bodenerhebung)

F

Familienplatz, seit 1992 (vorher: Kernstockplatz; 1881-1919 Stefaniplatz, 1919 bis 1934 Bebelplatz), nach der Pfarrkirche *Zur Hl. Familie* benannt

Feßtgasse, seit 1856, der Fleischhauer Jakob Feßt (1778-1858) ließ hier Grund parzellieren und das erste Haus errichten

Finsenstraße, seit 1913, Niels Ryberg Finsen (1860-1904), dän. Arzt, Gründer der Lichttherapie, Nobelpreis 1903

Flötzersteig, im 16. Bezirk bis 1894 Hütteldorfer Straße; Bezeichnung für einen alten Verkehrsweg, der vom 9. Bezirk quer durch den 16. Bezirk führte; von hier wanderten die Flötzer (Flößer) nach Abladen ihrer Fracht zu Fuß nach Hause

Franz-Eichert-Weg, seit 1932, Franz Eichert (1857-1926), Bahnbeamter, katholischer Publizist (politische Lyrik der christlich-sozialen Bewegung)

Franz-Peyerl-Gasse, seit 1907, Franz Peyerl (1810-1881), Oberlehrer, Wohltäter

Friedmanngasse, seit 1882 (urspr.: Quergasse, bis 1867 Schellhammerplatz, bis 1882 Am Exerzierplatz), Ing. Alexander Friedmann (1838-1882), Landtagsabgeordneter und Gemeinderat 1875-1877

Friedrich-Kaiser-Gasse, seit 1894 (vorher: Lange Gasse), Friedrich Kaiser (1814 bis 1874), Theaterdichter, Revolutionär von 1848, schrieb über 100 Bühnenstücke, in denen er das Wien des 19. Jahrhunderts schilderte

Fröbelgasse, seit 1883 (bis 1872 Schmelzgasse, dann Höfer- bzw. Hoffergasse), Friedrich Fröbel (1782-1852), deutscher Pädagoge, Kindergartengründer

Fuchsenlochweg, seit 1976, Flurname

Funkengerngasse, seit 1905, Riedname (gern = schmale Weingartenparzelle)

G

Gabillongasse, seit 1920, Ludwig Gabillon (1828-1896) und seine Gattin Zerline Gabillon-Würzburg (1835-1892), beide populäre Burgschauspieler

Gablenzgasse, seit 1894 (vorher: Burggasse, Marc-Aurel-Gasse), Ludwig Karl Wilhelm Freiherr von Gablenz (1814-1874), sächsischer Offizier, der 1866 im verlorenen Krieg gegen Preußen die einzige Schlacht für Österreich gewann; im vorangegangenen Krieg gegen Dänemark führte er erfolgreich das Kommando

Gallitzinstraße, seit 1883 (vorher teilweise: Nasenweg), Demeter Fürst von Gallitzin (1721-1793), russischer Botschafter in Wien, kaufte einen großen Teil des bis dahin als Predigtstuhl bekannten Gebietes und ließ sich dort 1785 ein Sommerschloß erbauen, das viel bewundert wurde; siehe auch *Montléartstraße*

Ganglbauergasse, seit 1886, Cölestin Josef Ganglbauer (1817-1889), Fürsterzbischof von Wien (1881), Kardinal (1884); Förderer des Ottakringer Kirchenbauvereins und der christlich-sozialen Bewegung

Gansterergasse, seit 1856, Matthias Gansterer (1802-1865), Ziegelbrennereibesitzer, Gastwirt (eröffnete 1840 das zweite Kaffeehaus in Ottakring), errichtete eine Badeanstalt; zum ersten Kaffeehaus siehe *Wurlitzergasse*

Gaullachergasse, seit 1883 (urspr.: Obere Gasse, Obere Hauptgasse, 1867 Feldgasse), Josef Gaullacher (1751-1833), Ortsrichter von Neulerchenfeld (1798 bis 1825)

Geblergasse, seit 1894, Tobias Freiherr von Gebler (1726-1786), Dramatiker (Vorläufer von Bauernfeld); 1768 von Maria Theresia in den Staatsrat berufen (Schulreformer)

Gerunggasse, seit 1897, Gerung, um 1230 Besitzer des Ottakringer Freihofes

Glauberplatz, seit 1897, Nikolaus Glauber, um 1530 Pfarrer von Ottakring, Mitbegründer der *Lamprechtszeche* (1409), eine Laiengesellschaft, die für die Beleuchtung der Kirche und die Meßutensilien zu sorgen hatte. Verarmten Ottakringern sicherte sie ein ordentliches Begräbnis; die *Lamprechtszeche* brachte so viel Geld auf, daß auch der Bau einer Kapelle finanziert werden konnte.

Gomperzgasse, seit 1927 (1938-1945: Stallergasse), Dr. Theodor Gomperz (1832 bis 1912), Sprachwissenschafter, 1873 bis 1900 o. Professor für klassische Philologie an der Universität Wien, Hauptwerk: *Griechische Denker*

Grubergasse, seit 1900, lt. *Czeike* nach dem Schuldirektor und späteren Professor der Philosophie an der Universität Salzburg, Johann L. Gruber (gest. 1810); lt. *Rossa* hingegen nach dem Lehrer und Organisten Franz Gruber (1787-1836; mit Josef Mohr Schöpfer des Liedes *Stille Nacht, heilige Nacht*)

Grüllemeiergasse, seit 1856, Josef Grüllemeier (1812-1871), Fabrikant, Gemeinderat (1849 bis 1870), Hauptmann der Bürgergarde (1848)

Grundsteingasse, seit 1883 (urspr.: Untere Gasse, Untere Hauptstraße, ab 1867: Gärtnergasse), 1704 wurde nach der Erbauung des Linienwalles und des ersten Hauses (Nr. 6) der Grundstein zur späteren Ortschaft Neulerchenfeld gelegt

Gutraterplatz, seit 1901, Gabriel Gutrater (gest. 1529), Bürgermeister von Wien, Stadtschreiber, Jurist

H

Haberlgasse, seit 1867 (vorher: Reinhartgasse; endgültige Benennung erst 1959), Johann Haberl (1812-1883), Kaufmann und Bürgermeister von Neulerchenfeld (1864 bis 1882)

Habichergasse, seit 1883, Konstantin Habicher (1830-1897), Bezirkshauptmann von Hernals

Haslingergasse, seit 1894 (urspr. Große Sackgasse, dann Kleine Sackgasse, schließlich Sterngasse), Tobias Haslinger (1787-1842), Musikverleger, Kunsthändler

Hasnerstraße, seit 1883 (vorher: Bernard- und Gablenzgasse), Leopold Hasner Ritter von Artha (1818-1891), Professor der politischen Ökonomie an der Universität Wien, 1867 ins Herrenhaus berufen, Sprecher der Verfassungspartei, 1867-1870 Minister für Cultus und Unterricht, 1869 Reichsvolksschulgesetz (8jährige Schulpflicht, weltliche Schulaufsicht), 1870 Ministerpräsident

Haydlergasse, seit 1897, Matthias Haydler (gest. 1676), Ortsrichter von Ottakring

Haymerlegasse, seit 1894 (vorher: Engerthgasse, 1938-1945 Adalbert-Schwarz-Gasse), Heinrich Freiherr von Haymerle (1828-1881), Diplomat, bereitete als Außenminister den Abschluß des Dreibundvertrages zwischen Österreich/Ungarn-Deutschland-Italien vor

Heiderichstraße, seit 1936 (vorher: Roterdstraße), Dr. Franz Heiderich (1863 bis 1926), Geograph, Verfasser von Schullehrbüchern

Heigerleinstraße, seit 1897, Johann Heigerlein von Leutkirchen, eigentlich Fabri (1478-1541), Bischof von Wien, Humanist, Diplomat, stiftete das Konvikt St. Niklas in der Singerstraße, um den Priesternachwuchs zu fördern; weihte 1531 die wiederaufgebauten Kirchen in Ottakring nach den Türkenkriegen

Heindlgasse, seit 1888, Johann Baptist Heindl (1821-1885), Gemeinderat, Apotheker, Ehrenbürger von Ottakring

Hellgasse, seit 1894 (vorher: Annagasse), Maximilian Hell (1720-1792), Jesuitenpater, bedeutendster österr. Astronom des 18. Jhs.

Herbststraße, seit 1883 (vorher: in Neulerchenfeld Koflergasse, in Ottakring Marc-Aurel-Straße), Dr. Eduard Herbst (1820 bis 1892), profilierter Führer der deutsch-liberalen Bewegung, 1868-1870 Justizminister; Verfasser einschlägiger juristischer Schriften (z. B. *Handbuch des allg. österr. Strafrechts*, 2 Bde., 1855)

Hertlgasse, seit 1897, Michael Hertl (gest. 1856), Ortsrichter von Ottakring

Heschweg, seit 1955 (vorher ab 1924: Rosenweg), Wilhelm Hesch (1860 bis 1908), Kammersänger an der Wiener Staatsoper

Hettenkofergasse, seit 1887, Thomas Hettenkofer (1821-1886), Gemeinderat von Ottakring, Wohltäter

Himmelschlüsselweg, seit 1971, nach der gleichnamigen Blume

Hippgasse, seit 1873, Johann Hipp (1810 bis 1871), Apotheker, Wohltäter, Gemeindevertreter

Hofferplatz, seit 1883 (vorher: Neumayrplatz), Kaspar Hofer (sic! 1823-1883), Gemeinderat, Baumeister

Hofzinsergasse, seit 1978, Johann Nepomuk Hofzinser (1806-1875), Begründer der modernen Kartenmagie

Horvathgasse, seit 1959, Ödön von Horváth (1901-1938), Dichter, schrieb Volksstücke, Dramen, Komödien, Romane (*G'schichten aus dem Wienerwald*, *Kasimir und Karoline*, *Ein Kind unserer Zeit*), 1933 Emigration nach Wien, 1938 Flucht in die Schweiz, im selben Jahr in Paris auf den Champs Elysées von einem Baum erschlagen

Hubergasse, seit 1856, Anton Huber (1818-1874), Baumeister, Wiener Gemeinderat (1867-1874); erbaute hier die ersten Häuser und öffnete so die Gasse

Huttengasse, seit 1875, Ulrich Ritter von Hutten (1488-1523), Humanist, Dichter, Schriftsteller, Wortführer der Reformation

Hyrtlgasse, seit 1885, Prof. Josef Hyrtl (1810-1894), Arzt, Anatom, verfaßte zahlreiche Lehrbücher und wissenschaftliche Werke; Sammlungen auf dem Gebiet der vergleichenden Anatomie bedeuteten den Beginn der Forschungstätigkeit auf diesem Gebiet

I

Ibsenstraße, seit 1912, Henrik Ibsen (1828-1906), norwegischer Dramatiker, Bahnbrecher des Naturalismus (*Wildente*, *Peer Gynt*, *Gespenster* etc.)

J

Joachimsthalerplatz, seit 1928, Franz Joachimsthaler (1892-1911), Schlossergehilfe, Opfer der Teuerungsdemonstration vom 17. September 1911; die Sozialdemokraten hatten zu einer Kundgebung vor dem Rathaus aufgerufen; aus ungeklärten Umständen fiel plötzlich ein Schuß, als die Demonstration schon zu Ende war und die Kundgebungsteilnehmer in die Vorstädte zogen; Polizei und Militär verfolgten die Arbeiter, es gab 3 Tote, 90 Verletzte, 200 Verhaftungen; auf dem Ottakringer Friedhof befindet sich ein Grabmal für die Opfer der Teuerungsdemonstration

Johann-Nepomuk-Berger-Platz, seit 1894 (vorher Marktplatz; 1942 bis 1945: Lerchenfelderplatz), Dr. Johann Nepomuk Berger (1816-1870), Rechtsanwalt, 1848 Mitglied der demokratischen Linken, 1861 Gemeinderat, 1863 deutsch-liberaler Reichsratsabgeordneter, 1867-1870 Minister ohne Portfeuille

Johann-Staud-Straße, seit 1949 (vorher: Steinhofstraße), Johann Staud (1882 bis 1939), christlich-sozialer Gewerkschaftsführer, nach dem Bürgerkrieg 1934 unter dem autoritären Regime ernannter Präsident der Wiener Arbeiterkammer und des Einheitsgewerkschaftsbundes, 1938 von den Nationalsozialisten verhaftet und ins KZ Dachau eingeliefert, starb nach den erlittenen Mißhandlungen an Herzversagen

Johannes-Krawarik-Gasse, seit 1988 (urspr. Schulgassel, bis 1894 Kirchengassse, dann Adtlgasse; nach Wolfgang Adtl, einem langjährigen Pfarrer von Ottakring); Johannes Krawarik (1903-1968) war Pfarrer in Ottakring: er wurde im Zuge der Erstürmung des erzbischöflichen Palais durch nationalsozialistische Jugendliche im Oktober 1938 aus dem Fenster geworfen

Josef-Weinheber-Platz, Josef Weinheber (1892-1945), Postbeamter, ab 1932 freier Schriftsteller; in seinen Dialektgedichten versuchte er das Wesen der Wiener zu erfassen (*Wien wörtlich*), an der politischen Bindung mit den Nationalsozialisten, die ihn mit Ehrungen für sich zu gewinnen verstanden, zerbrach der gefeierte Lyriker, er verübte am 8. 4. 1945 Selbstmord

Julius-Meinl-Gasse, seit 1954 (vorher: Nauseagasse), Julius Meinl (1869 bis 1944), Großkaufmann; baute das väterliche Geschäft zum Großkonzern aus

K

Kallinagasse, seit 1960, Prof. Anna Kallina (1874-1948), Burgschauspielerin (fast 50jährige Zugehörigkeit zum Burgtheater, spielte in fast allen Produktionen des Hauses)

Karl-Metschl-Gasse, seit 1927, Karl Metschl (1864-1924), Pionier der Gewerkschaftsbewegung, Vorkämpfer für Berufsberatung und Lehrlingsschutz

Kempfengerngasse, seit 1902, Flurname, 1364 urkundlich erwähnt als *Kämphl* und *Kemphengern*; wahrscheinlich wurde um dieses Stück Feld gekämpft; *gern* ist ein keilförmiges Feldstück

Kendlerstraße, Benennungsdatum unklar, Karl Edler von Kendler (1777-1859), Schloßbesitzer in Breitensee

Kirchstetterngasse, seit 1883 (um 1732 Obere Zwerchgasse, später Kirchengasse), Therese von Kirchstätter (sic! 1690-1766), verwitwete Regimentsrätin, stiftete 1756 1.000 Gulden für den Altar der Neulerchenfelder Pfarrkirche und 1762 7.320 Gulden für die Bestellung eines Kooperators

Klausgasse, seit 1894, Johann Klaus (1847-1893), Maler, Kupferstecher

Kleibersteg, seit ca. 1883, Karl Kleiber (1838-1902), Kapellmeister, Vorstand des Verschönerungsvereins von Ottakring

Klopstockgasse, seit 1894 (vorher: Lessinggasse), Friedrich Gottlieb Klopstock (1724-1803), deutscher Dichter (religiöses Epos *Der Messias*, Oden)

Kollburggasse, seit 1902, Ambros Brassicani von Kollburg (1589-1669), Besitzer des Freihofes von Ottakring

Kongreßplatz, seit 1914; zur Erinnerung an den Wiener Kongreß (1814-15)

Konstantingasse, seit 1883, Konstantin der Große (gest. 337), römischer Kaiser (306-337); stellte mit dem Toleranzedikt (313) das Christentum der antiken Religion gleich; er selbst ließ sich kurz vor seinem Tod taufen

Koppstraße, seit 1883 (vorher: ab 1873 in Neulerchenfeld Neustiftgasse, in Ottakring 1883 Hauslabgasse), Dr. Josef Kopp (1827-1907), Rechtsanwalt und Reichratsabgeordneter

Kreitnergasse, seit 1894, Michael Kreitner (1832-1892), Fleischhauer, Gemeinderat und Ehrenbürger von Ottakring

Kuffnergasse, seit 1864 (1938-1946: Plankengasse), Ignaz Edler von Kuffner, Brauereigründer, 1869-1876 Bürgermeister von Ottakring, stiftete 1881 die Katharinenruhe (1938 wegen der jüdischen Herkunft der Familie von den Nationalsozialisten in *Liebhartsruhe* umbenannt); Moritz Edler von Kuffner (1854-1939), sein Sohn und Erbe, ließ die Sternwarte (Johann-Staud-Straße 10) und eine Kinderbewahranstalt errichten

Kulmgasse, seit 1884 (vorher: Uniongasse), zur Erinnerung an den Sieg über Napoleon bei Kulm (1813)

L

Laborweg, seit 1936, Josef Labor (1842 bis 1924), Orgelvirtuose, Komponist, Pianist

Lambertgasse, seit 1894 (vorher: Josefigasse), nach dem hl. Lambert (638-709), Namenspatron der ältesten Kirche von Ottakring (die schon 1250 urkundlich erwähnt wird)

Landsteinergasse, seit 1909, Karl Borromäus Landsteiner (Deckname Artur Landerstein, 1835-1909), Propst von Nikolsburg, Schriftsteller, Lehrer, Volksbildner

Lerchenfelder Gürtel, seit 1894 (Teile davon von 1800 bis 1894 Pelikangasse, von 1830 bis 1873 Porteplatz, Am Linienwall und von 1883 bis 1894 Gürtelstraße), nach der ehemaligen Vorstadt Lerchenfeld; das Lerchenfeld wurde bereits im 13. Jahrhundert urkundlich erwähnt; es erstreckte sich über Teile des heutigen 7., 8. und 16. Bezirkes

Lewinskygasse, seit 1920, Josef Lewinsky (1835-1907), Burgschauspieler, Regisseur

Liebhartsgasse, seit 1867, nach dem Flurnamen *Liebhart*, im 13.

Jahrhundert wurde der Ottakringer Bach zum Wienfluß geleitet, die Bachrinne erhielt 1354 die Bezeichnung *Liebhartsgraben*

Liebhartsruhe, seit 1944 (vorher: Katharinenruhe, vor 1886 Scheibenplatz), siehe Kuffnergasse und Liebhartsgasse

Liebhartstalstraße, Benennungsdatum unklar, Flurname, schon 1354, 1373 und 1377 als Liebhartsgraben urkundlich erwähnt; führt zum Liebhartstal

Liebknechtgasse, seit 1927 (urspr.: Dürauergasse, 1934-1953 Eberhartgasse), Wilhelm Liebknecht (1826-1900), Führer der deutschen Sozialdemokraten und Reichstagsabgeordneter und sein Sohn Karl (1871-1919), mit Rosa Luxemburg Führer der Linken, 1919 ermordet, siehe *Rosa-Luxemburg-Gasse*

Lienfeldergasse, seit 1899, Weinried, schon 1352 als Lyenfeld erwähnt

Lindauergasse, seit 1894 (vorher: Löwengasse und Saillergasse), Andreas Lindauer (gest. 1552), Besitzer des Ottakringer Freihofes, Sekretär von Kaiser Ferdinand I.

Lobmeyrgasse, seit 1927, Ludwig Lobmeyr (1829-1917), Glaswarenfabrikant, der sich um die künstlerische Entwicklung der Branche verdient gemacht hat

Loiblstraße, seit 1960, Johann Loibl (gest. 1872), Mitgründer des Ottakringer Verschönerungsvereines

Lorenz-Bayer-Platz, seit 1905 (1938-1945 Domesplatz), Lorenz Bayer (1826-1894), Gemeinderat von Hernals

Lorenz-Mandl-Gasse, seit 1887, Lorenz Mandl (1800-1882), Gemeinderat von Ottakring, Heurigenbesitzer

Ludo-Hartmann-Platz, seit 1925 (1873 bis 1878 Haberlplatz, dann bis 1901 Koflerplatz, bis 1925 Koflerpark, 1938-1945 Hans-Schemm-Platz), Dr. Ludo Hartmann (1865-1924), Historiker, 1889 Privatdozent für römische und mittelalterliche Geschichte; 1893 gründete er die Zeitschrift für *Sozial- und Wirtschaftsgeschichte*, 1901 den Verein *Volkshochschule Wien Volksheim*; das Volksheim Ottakring, das er intensiv vorantrieb, wurde zur erfolgreichsten Volksbildungsstätte Wiens; kurz vor seinem Tod wurde Ludo Hartmann Prof. an der Universität Wien

M

Maderspergerstraße, seit 1909, Josef Madersperger (1768-1850), Erfinder der Nähmaschine

Maroltingergasse, seit 1891, nach den Wiener Bürgern Michael und Andreas Maroltinger, bis 1985 irrtümlich als Besitzer des Ottakringer Freihofes angesehen; nach ihnen wurde der Freihof lange Zeit *Maroltingerhof* genannt

Marschnergasse, seit 1906, Heinrich August Marschner (1795-1861), Opernkomponist

Maternaweg, seit 1936, Amalia Materna (1845-1918), Opernsängerin (Wagnerrollen)

Matschgasse, seit 1943, Prof. Franz von Matsch (1861-1942), Maler und Bildhauer (zahlreiche Werke für Ringstraßenbauten)

Matteottiplatz, seit 1927 (1934-1953 Maulpertschplatz), Giacomo Matteotti (1884-1924), Abgeordneter der italienischen sozialistischen Partei und Generalsekretär, von den Faschisten ermordet; sein Tod führte zur sogenannten Matteottikrise, worauf Mussolini immer größere Machtbefugnissse beanspruchte

Menzelgasse, seit 1873, Karl Menzel (1800-1882), Apotheker, Gemeinderat

Michalekgasse, seit 1943, Prof. Ludwig Michalek (1859-1942), Maler, Radierer, Bildhauer

Mildeplatz, seit 1884, Vinzenz Milde (1777 bis 1853), Fürsterzbischof von Wien, Sozialpolitiker, Pädagoge

Mörikeweg, seit 1927, Eduard Mörike (1804-1875), deutscher Lyriker (Romantiker)

Montleartstraße, seit 1889, Wilhelmine Prinzessin von Montléart-Curland (1827 bis 1895); das aus Frankreich stammende Fürstenpaar Julius und Maria Christine Montléart erwarb 1824 das Gallitzinschloß (siehe *Gallitzinstraße*); nach dem Tod der Fürstin heiratete der Fürst als 75jähriger die 27jährige Prinzessin de la Tremoille; nach dem Tod des Fürsten kam es zu wilden Erbstreitereien zwischen der jungen Witwe und den fünf Kindern des Fürsten; das Landgut wurde versteigert und der Erlös aufgeteilt; Prinz Moriz von Montléart ersteigerte den väterlichen Besitz zurück und betrieb die amtliche Benennung des Predigtstuhls als Wilhelminenberg; nach dem Tod des Gatten spendete Wilhelmine Montléart 300.000 Kronen für den Bau eines Krankenhauses (Wilhelminenspital) und große Beträge für die Armenfürsorge

Musilplatz, seit 1956 (vorher ab 1889: Anzengruberplatz); Robert Musil (1880 bis 1942), österreichischer Dichter (*Der Mann ohne Eigenschaften*), ursprünglich Maschinenbauingenieur, promovierter Philosoph, hoher Ministerialbeamter, Offizier im ersten Weltkrieg, lebte zuletzt mittellos im Exil in der Schweiz

N

Nachtnebelweg, seit 1971, Otto Nachtnebel (1872-1967), sozialdemokratischer Gemeinderat in der Zwischenkriegszeit

Nauseagasse, seit 1897, Friedrich Nausea (ca. 1496-1552), Bischof von Wien (1541-1551)

Neulerchenfelder Straße, seit 1894 (ursprünglich Mittlere Gasse, dann Mittlere Hauptstraße, Neulerchenfelder Hauptstraße und ein Teil Eisnergasse); zur Erinnerung an den alten Vorstadtnamen; Lerchenfeld wurde durch den Bau des Linienwalls (1704) in Alt- und Neulerchenfeld getrennt, Altlerchenfeld kam 1850 zum 7. Bezirk, Neulerchenfeld blieb bis 1891 selbständige Gemeinde (1890 zählte Neulerchenfeld 45.044 Einwohner); Neulerchenfeld wurde wegen der zahlreichen Gaststätten als *des Heiligen Römischen Reiches größtes Wirtshaus* bezeichnet (daher beliebter Ausflugsort knapp vor dem Linienwall)

Neumayrgasse, seit 1873 (vorher: Zinckgasse), Georg Neumayr (1800-1881), Fleischhauer, Gemeinderat von Neulerchenfeld, schenkte der Gemeinde Ottakring den Grund des heutigen Hofferplatzes

Nietzscheplatz, seit 1927, Friedrich Wilhelm Nietzsche (1844-1900), deutscher Philosoph, Dichter (*Also sprach Zarathustra*)

Nödlgasse, seit 1883 (vorher: Wagnergasse), Ernst Nödl (1806 bis 1891), Pfarrer von Neulerchenfeld

O

Oberwiedenstraße, seit 1919 (ursprünglich Wilhelminenbergstraße, dann Oberwiedengasse), Flurname; Wieden oder Widem bedeutet Schenkung an eine Kirche oder an ein Kloster

Odoakergasse, seit 1883, Odoaker, germanischer Fürst, fiel 493 gegen Theoderich im Kampf um das weströmische Reich; im 19. Jahrhundert glaubte man, Odoaker wäre der Begründer von Ottakring gewesen, daher wurde nach ihm eine Gasse benannt

Opfermanngasse, seit 1983, nach einer alteingesessenen Weinhauer- und Gastwirtfamilie; maßgeblich an der Entwicklung Ottakrings beteiligt

Ottakringer Straße, seit 1894 (urspr. Hauptstraße, dann Ottakringer Hauptstraße); zur Erinnerung an den alten Vorortnamen; der Name *Otachringen* wurde urkundlich erstmals im 12. Jahrhundert erwähnt; Ottakring zählte vor der Eingemeindung 1890 61.817 Einwohner

P

Paletzgasse, seit 1886, Emanuel Paletz (1816-1900), Pfarrer, gründete 1868 die Kinderbewahranstalt in Ottakring

Paltaufgasse, seit 1897 (vorher: Heugassel), Franz Paltauf (gest. 1785), Ortsrichter in Ottakring (1756-1768); Verdienste um die finanzielle Lage Ottakrings

Panikengasse, seit 1889, alter Flurname (Paniken = Bann = Ecke bzw. Pan = Ecke, d. h. Gerichtsplatz)

Paulinensteig, seit 1886, nach Gräfin Pauline von Metternich (1809-1905), geborene Baronin von Effinger-Wildegg; Erzieherin und Freundin der Prinzessin Wilhelmine von Montléart, siehe *Montléartgasse*

Payergasse, seit 1876, Julius Ritter von Payer (1841-1915), Nordpolfahrer, entdeckte auf der österr.-ungar. Nordpolexpedition 1872-1874 mit Karl Weyprecht das Franz-Josephs-Land, siehe *Weyprechtgasse*

Pelzer-Rennweg, Benennungsdatum unklar; ursprünglich Teufelsmauer, 1887 Plankengasse; Herkunft unklar; möglicherweise nach Pelzer, einem Jagdgehilfen von Kaiser Matthias; bei Jagden soll es geheißen haben: *Der Pelzer rennt schon*

Pfenninggeldgasse, seit 1897, Flurname; schon 1373 als Groß- und Klein-Pfenninggeld urkundlich erwähnt (mehr oder minder ertragreiche Weingärten)

Pönningerweg, seit 1927, Franz Pönninger (1832-1906), Bildhauer

Pollitzergasse, seit 1971, Johann Pollitzer (1871 bis 1961), sozialdemokratischer Bezirksvorsteher von Ottakring (1919-1934); er forcierte den Wohnbau und Gemeinschaftseinrichtungen (Ottakringer Bad, Kongreßbad, Kindergärten, Mütterberatung, etc.), arbeitete nach 1945 am Wiederaufbau der SPÖ in Ottakring mit

Pschorngasse, seit 1971 (vorher nicht amtlich: Auf der Schottenwiese), Karl Pschorn (1885 bis 1945), Mundartdichter

R

Rädtnergasse, seit 1897, Georg Rädtner (gest. 1682), Ortsrichter von Ottakring (1662 bis 1664)

Rankgasse, seit 1913 (vorher: Koppstraße), Dr. Josef Rank (1816-1896), Dichter, Direktionssekretär am Burgtheater

Redtenbachergasse, seit 1894 (vorher: Schottengasse), Ludwig Redtenbacher (1814-1876), Zoologe

Reichmanngasse, seit 1936, Theodor Reichmann (1849-1903), gefeierter Bariton an der Hofoper

Reizenpfenninggasse, seit 1910, Flurname: reut's (roden) den Pfenning; den Zehent (den zehnten Teil des Ertrages) für die Steuer abgeben

Ribarzgasse, seit 1936, Rudolf Ribarz (1848-1904), Blumen und Landschaftsmaler

Richard-Wagner-Platz, seit 1894 (vorher seit 1883: Goetheplatz), Richard Wagner (1813-1883), Opernkomponist (*Der Ring der Nibelungen, Tannhäuser, Die Meistersinger von Nürnberg, Lohengrin* etc.)

Römergasse, seit 1894, zur Erinnerung an die Römerzeit Wiens

Rohrergasse, seit 1917 (vorher: Sträußlegasse), Johann Rohrer (1715-1788), Pfarrer, schrieb ein Ottakringer Gedenkbuch

Rolandweg, seit 1970, Ida Roland (1881-1951), Burgschauspielerin

Rosa-Luxemburg-Gasse, seit 1927 (1934 bis 1947: Domaniggasse), Rosa Luxemburg war Mitbegründerin der sozialistischen Partei von Polen und Litauen, dann führende Theoretikerin des linken Flügels der deutschen Sozialdemokratie; mit Karl Liebknecht Opposition gegen den Ersten Weltkrieg, Mitbegründerin des Spartakusbundes und der Kommunistischen Partei Deutschlands, 1919 ermordet

Roseggergasse, seit 1887 (vorher: Kirchengasse), Peter Rosegger (1843-1918), Volksdichter, Schriftsteller (*Als ich noch der Waldbauernbub war*)

Rosenackerstraße, seit 1912, ein urkundlich schon 1352 erwähnter Flurname

Rosensteingasse, seit 1894, Leopold Häckl Reichsritter von Rosenstein zu Peschwitz (gest. 1832), Grundbesitzer in Hernals, Wohltäter

Roterdstraße, seit 1892, ein schon 1305 erwähnter Flurname (*An der roten erd*)

Rückertgasse, seit 1894 (vorher: Schulgasse), Friedrich Rückert

(1788-1866), deutscher Dichter; 1826 Professor für orientalische Sprachen; Lyrik, *Die Weisheit der Brahmanen*, zahlreiche Übersetzungen

Rumplerweg, seit 1936, Franz Rumpler (1848-1922), Maler

S

Sandleitengasse, seit 1894 (vorher: Dornbacher Straße), Flurname (Leiten = Lehne = Abhang)

Sautergasse, seit 1905 (bis 1894 Rosenhügelgasse, dann Zeillergasse), Ferdinand Sauter (1804-1854), mit Schubert, Schwind und Lenau befreundeter Dichter; brachte sich als Polizzenschreiber bei der „Donau-Versicherung" durch; schrieb empfindsame, politische und soziale Gedichte, später u. a. Gelegenheitsgedichte; verfiel in Neulerchenfelder Wirtshäusern dem Alkohol, starb an Cholera

Savoyenstraße, seit 1897 (vorher: Plankengasse), Fürstin Maria Christine von Montléart, geb. Prinzessin von Sachsen-Curland (1779 bis 1851), verwitwete Herzogin von Savoyen, siehe *Montléartstraße*

Scariaweg, seit 1936, Emil Scaria (1840 bis 1886), Opernsänger

Schellhammergasse, seit 1894 (vorher: Laudonggasse), Franz Edler von Schellhammer (1775-1831), Oberleutnant, besaß Grund und Anwesen, aus denen später das *Yppensche Invalidenhaus* wurde; siehe *Yppengasse*

Schinnaglgasse, seit 1873, Maurus Schinnagl (1800-1871), Priester, Religionslehrer

Schmedesweg, seit 1936, Erik Schmedes (1866-1931); Heldentor an der Wiener Staatsoper (Wagner-Partien)

Schrekergasse, seit 1936, Franz Schreker (1878-1934), Komponist, Direktor der Berliner Musikhochschule; zählte zu den erfolgreichsten Opernkomponisten zwischen 1900 und 1920 in Wien

Schuhmeierplatz, seit 1920 (vorher: Habsburgerplatz), Franz

Schuhmeier (1864 bis 1913), Begründer der sozialdemokrati-schen Bewegung in Ottakring; bis zu seiner Ermordung 1913 dominierende Persönlichkeit der österr. Arbeiterbewegung; grün-dete den Arbeiterbildungsverein *Apollo* und die Zeitung *Volks-tribüne*; war 1901 einer der beiden ersten sozialdemokratischen Reichsratsabgeordneten

Seeböckgasse, seit 1883, Anton Seeböck (1801-1841), Ortsrich-ter von Ottakring

Seitenberggasse, seit 1872, Dr. Jakob Seitenberg (1814-1887), Arzt, Gemeinderat von Ottakring

Sonnenthalgasse, seit 1920 (1938 bis 1947: Eckhofgasse), Adolf von Sonnenthal (1834-1909), Burgschauspieler, Regisseur

Speckbachergasse, seit 1894 (vorher: Hofergasse), Josef Speck-bacher (1767 bis 1820), Tiroler Freiheitskämpfer (1809)

Spiegelgrundstraße, seit 1910 (vorher: Am Spiegelgrund); alter Flurname

Spindeleggergasse, seit 1887, Simon Spindelegger (1812-1867), trat die Gründe zur Eröffnung dieser Gasse ab

Spinozagasse, seit 1933 (1938 bis 1947: Eckermanngasse), Baruch de Spinoza (1632-1677), holländischer Philosoph jüdi-scher Herkunft

Sporckplatz, seit 1913 (vorher: Schanzstraße), Johann Graf Sporck (1601 bis 1679) besiegte mit Graf Montecuccoli 1664 die Türken bei St. Gotthard/Raab

Sprengersteig, seit 1953, Paul Wilhelm Eduard Sprenger (1798-1854), Architekt, Professor an der Architekturschule der Akade-mie der bildenden Künste, allmächtiger Hofbaurat und oberste Instanz in allen Baufragen bis 1848 (*Metternich der Architektur*)

Starchantgasse, seit 1897, Starchant von Ottakring, Besitzer des Ottakringer Freihofes von 1301-1339

Starkenburggasse, seit 1913, Georg Ignaz Montfort Edler von Starkenburg, 1753-1760 Besitzer des Ottakringer Freihofes

Steinbruchstraße, Benennungsdatum unklar, führte zum Otta-kringer Steinbruch

Steinlegasse, seit 1938 (urspr. Finsenstraße, 1918-1938 Eduard-Lang-Gasse), Edward Jakob von Steinle (1810-1886), Historien-maler (Nazarener), schuf die Entwürfe für die Glasfenster in der Votivkirche

Steinmüllergasse, seit 1927, Rudolf Müller (1869-1926), genannt Steinmüller, Gemeinderat, Steinmetz

Stillfriedplatz, seit 1883, zur Erinnerung an den Sieg Rudolf von Habsburgs über König Otttokar im Jahre 1278 bei Stillfried im Marchfeld

Stöberplatz, seit 1914, Johann Stöber (1853-1913), Pfarrer von Hernals

Sulmgasse, seit 1868, Adam Sulm (gest. 1874), Grundbesitzer; gab die Gründe für die Gasse her

T

Thalhaimergasse, seit 1897, Gregor Thalhaimer, um 1484 Pfar-rer von Ottakring

Thaliastraße, seit 1894 (vorher zum Teil Lerchenfelder Straße), dort stand von 1856-1869 das Thaliatheater

Theodor-Storm-Weg, seit 1927, Theodor Storm (1817-1888), norddeutscher Novellist, Lyriker (*Der Schimmelreiter*, *Immensee* Pole Poppenspäler etc.)

Traunergasse, seit 1899, Hans Trauner (1583-1664), Ortsrichter von Ottakring (1648-1650)

V

Veronikagasse, Benennungsdatum unklar; nach einer Bildsäule der hl. Veronika, die von 1722 bis 1842 auf freiem Felde auf dem Weg von Altlerchenfeld nach Hernals stand

Vilicusweg, seit 1970, Johann Vilicus, um 1380 Pfarrer von Ottakring

Vogeltenngasse, seit 1897, Tenne = Sammelplatz (Sammelplatz für Vögel)

W

Waidäckergasse, seit 1905, ein schon 1366 erwähnter Flurname

Wanriglgasse, seit 1897, „Wanriegl" = volkstümliche Bezeichnung für einen unwegsamen, steil ansteigenden Berghang

Wattgasse, seit 1883 (vorher: Sterngasse), James Watt (1736-1819), Erfinder der Dampfmaschine

Weinheimergasse, seit 1899, Lorenz Weinheimer (1820-1885), Mitbegr. des Ottakr. Kirchenbauvereines, Gemeindevertreter

Weiskerngasse, seit ca. 1919, Friedrich Weiskern (1710-1768), Schauspieler, Topograph

Wendgasse, seit 1883 (vorher: Gasgasse), Josef Wend (1807-1878), Gemeinderat von Ottakring

Wernhardtstraße, seit 1899, erster um 1330 urkundlich erwähnter Weingartenbesitzer in Breitensee

Weyprechtgasse, seit 1876, Karl Weyprecht (1838-1881), Linienschiffsleutnant der österreichischen Kriegsmarine, Nordpolfahrer der Jahre 1872 bis 1874, siehe *Payergasse*

Wichtelgasse, seit 1868 (vorher zum Teil: Johannesgasse), Benedikt Wichtel (1808-1868), Grundbesitzer; trat den Grund für den Bau der Gasse ab

Wiesberggasse, seit 1913 (vorher: Herbststraße), Wilhelm Wiesberg (1850 bis 1896), Volkssänger, Wienerlied-Dichter

Wilhelminenstraße, seit 1872 (früher Kaiserweg), Prinzessin Wilhelmine von Montléart-Sachsen-Curland (1827 bis 1895), *siehe Montléartstraße*

Winterburgergasse, seit 1920 (vorher: Roterdstraße), Johann Winterburger (gest. 1519), erster Buchdrucker in Wien

Winterleitengasse, seit 1897, Flurname (die nach Norden gelegene Seite ist hügeliges Gelände)

Woborilweg, seit 1993, Heinrich Woboril (1894-1955), Gewerkschafter, Direktor der Wiener Gebietskrankenkasse

Wögingergasse, seit 1884, Severin Wöginger (1804-1876), Gemeinderat von Ottakring (1864-1870)

Wurlitzergasse, Benennungsdatum unklar, Paul Wurlitzer (1784-1857); eröffnete 1852 die Gasse und in einem Nebengebäude seines Wirtschaftshofes nach jahrelangem Streit mit M. Gansterer (siehe *Gansterergasse*) das erste Kaffehaus in Ottakring

Y

Yppengasse, seit 1873, Simon van Yppen (1698-1770), Oberst; Eigentümer des ehemaligen *Schellhammerhofes* (siehe Schellhammergasse), den er der Errichtung eines Heimes für invalide Offiziere nach seinem Tod widmete (*Yppenheim*); bestand bis 1876

Yppenplatz, seit 1876; siehe Yppengasse

Z

Zagorskigasse, seit 1913, Anton Adolf Ritter von Zagorski (1838-1902), Baumeister, letzter Bürgermeister von Ottakring (1882-1891)

Zeillergasse, seit 1894 (vorher: Schwarzenberggasse, Rosenhügelstraße), Franz Edler von Zeiller (1751-1828), Jurist, Redakteur des Allgemeinen Bürgerlichen Gesetzbuches; ab 1782 Univ.-Prof. in Wien

Zeißberggasse, seit 1914, Heinrich Ritter von Zeißberg (1839-1899), Historiker, Direktor der Hofbibliothek (ab 1896), Leiter des Instituts für österreichische Geschichtsforschung (ab 1891)

Zennergasse, seit 1971, Adolf Zenner (1893-1970), Bezirksrat (1946-1969), Obmann sozialistischer Vereinigungen

Zwinzstraße, seit 1899, Ignaz Zwinz (1825 bis 1893), Gemeinderat von Breitensee

Weiterführende Literatur zu den Straßennamen (Auswahl):

Amtsblatt der Stadt Wien
Josef Adler/Clemens M. Gruber: Berühmte Gräber in Wien
    und Umgebung, 2. Auflage, Wien 1991
Felix Czeike: Historisches Lexikon Wien Bd. 1-5, Wien, 1992ff.
Dietmar Grieser: Wiener Adressen. Ein historischer
    Wegweiser mit Straßenplänen und Fotos, Wien 1989
Friedrich Javorsky: Lexikon der Wiener Straßennamen, Wien 1964
Wilhelm Kisch: Die alten Straßen und Plätze Wiens, Wien 1883
Christine Klusacek/Kurt Stimmer: Ottakring.
    Vom Brunnenmarkt zum Liebhartstal, Wien1983
Eduard Koutek: Straßen, Gassen und Plätze
    erzählen Geschichte, Wien 1977
Ludwig Rossa: Straßenlexikon von Wien, Wien 1945,
    und 2. Auflage Wien 1947
Peter Simbrunner: Straßennamen von A-Z, 4. Auflage, Wien 1989
Karl Ziak: Von der Schmelz auf den Gallitzinberg.
    Gang durch die Gassen meiner Kindheit und durch
    die Geschichte Ottakrings, 3. Auflage, Wien-München 1987

Weiterführende Literatur zum Buch (Auswahl):

Arbeitsgemeinschaft für Heimatkunde in Ottakring (Hg.): Ottakring –
    Eine Keimatkunde des XVIten Gemeindebezirkes, Wien 1924
Peter Autengruber: Lexikon der Wiener Straßennamen
    nach amtlichen Unterlagen, Wien 1995
Thomas Chorherr: Wien – Die Geschichte
    einer Stadt im Heldenzeitalter, Wien 1987
Peter Csendes: Geschichte Wiens, Wien 1990
Felix Czeike: Reihe Wiener Bezirkskulturführer,
    XVI – Ottakring, Wien/München 1981
Felix Czeike (Hg.): Historisches Lexikon Wien Bd. 1-5, Wien 1994ff.
Walter Graudenz: Ottakring und Umgebung sowie seine Bewohner
    in Wort und Bild, Wien 1904
Ortolf Harl: Römische Ruinen unter dem Hohen Markt, Wien 1992
Hans Hovorka: Republik „Konge" – ein Schwimmbad
    erzählt seine Geschichte (Das Städtische Schwimm-, Sonnen-
    und Luftbad Kongreßplatz in Wien-Ottakring 1928-1988),
    Wien 1988
Eduard Jehly: Geschichte Ottakrings und Neulerchenfelds, Wien 1914
Ferdinand (Ferry) Kovarik: 100 Jahre Ottakring bei Wien, Wien 1990
Walter Kleindl: Österreich – Daten zur Geschichte und Kultur,
    Wien/Heidelberg 1978
Susanne Mauthner-Weber: Venuswege – ein erotischer Führer
    durch das alte Wien, Wien 1995
Robert Medek: Wien in alten Ansichten – Ottakring und Hernals,
    Zaltbommel (Niederlande) 1991
Naturgeschichte Wiens Bd. 1-4, Wien 1970ff.
Fritz Opfermann: Kiberer in Ottakring, Wien 1980
Österreich Lexikon Bd. 1 u. 2, Wien 1995
Therese Schüssel/Erich Zöllner: Das Werden Österreichs, Wien 1990
Peter Wehle: Sprechen Sie Wienerisch?
    Von Adaxl bis Zwitschkerl, Wien 1990
Helga Maria Wolf/Helmut Lust: Merkwürdiges aus dem
    alten Wien von A-Z, Wien 1995
Helga Maria Wolf/Helmut Lust: Unsere Stadt – 30 unbekannte Wege
    durch Wien, Wien 1994
Karl Ziak: Des Heiligen Römischen Reiches Größtes Wirtshaus –
    Der Wiener Vorort Neulerchenfeld, Wien/München 1979
Karl Ziak: Von der Schmelz auf den Gallitzinberg, Wien 1969